ちくま文庫

江戸衣装図絵　奥方と町娘たち

菊地ひと美

筑摩書房

はじめに

この度、東京堂出版で版を重ねた『江戸衣装図鑑』が、ちくま文庫から『江戸衣装図絵　武士と町人』、『江戸衣装図絵　奥方と町娘たち』として出版されることになりました。文章は文庫用に書き改め、また新しい項目も入れています。男の着物は職業別の仕事服なので流行はほとんどみられません。

変わって女服の方は、江戸初期から後期まで髪形や着物の丈《たけ》、模様、帯結びなど激変してゆき、流行の変遷史です。

江戸初期の武家婦人の晴れ着は「地無《じな》し」と呼ばれる、絹地が見えなくなる程、刺繍や金銀箔で埋めつくした重厚で豪華な衣装。でも庶民の方はまだ木綿が登場する前なので、樹皮の糸や麻で着物を作り、染めも縫うのも自分という手作りの時代。まだ髪油もないボサボサ頭です。

中期には一変。上層町方女たちは豊かな〝色彩と染の世界〟へと入り込みます。髪形は後ろ髪が反り上がるカモメ髱《たぼ》で、優美な女性を演出。そして後期は「江戸の粋」の時代へ。渋い縞柄《しまがら》を洗練美にまで練り上げ、髪形は美容師ではなく、個人別に創って数百種類。

江戸時代二百六十年をかけてチャレンジし続けた江戸の女たちの軌跡です。

目次

一【江戸時代】
一　服飾全体・色　12
二「小袖」と「着物」　16
二【初期　工芸服の武家婦人と手作り麻衣の庶民】
一　江戸の男服と女服の違い　20
二　江戸初期　女の着物　24
三　武家女式服　28
四　初期　上層女子の生地、色、模様　32
五　贅沢禁令が出た染織・技巧　36
六　初期　庶民の着物　40
七　初期は細帯・ひも帯　44
三【中期　上層町方の女小袖】
一　上層町方の女小袖　全体　48
二　上層町方の女小袖の　形、生地、色、模様　52
三　中期の帯　少し広め半幅帯へ　56
四　中期の帯結び　60
五　豪商妻女の衣装くらべ　64
六　武家と町方女　好みの違い　68

七　中期　庶民の着物　72
四【後期　武家女小袖】
一　大奥と武家奥向き　76
二　夏の上層「腰巻」衣装と帯　80
三　大奥　式日の服と常着　84
四　御殿女中の各衣　88
五　武家女子の成長儀礼と眉　92
六　大奥　武家の髪形　96
五【後期　町方女の着物】
一　後期　町方女の礼装　100
二　後期　町方女の着物　全体　104
三　後期　町方女の着物　形・生地・色・模様　108
四　後期の多彩な女帯　112
五　中上層の女達　着こなし　116
六　庶民　外出着・ふだん着　120
七　遊女　124
八　子ども　128
六【化粧と女の髪形】

一　化粧　132
二　女の髪形　結う前の江戸初期　136
三　女の髪形　優美な江戸中期　140
四　女の髪形　好み別多彩な後期　144
七【補助衣料】
一　女の上着と補助衣料　148
二　下着と肌着　152
三　女の装身具　156
四　被り物　160
八【四季の装いと成長儀礼】
一　衣替え　164
二　成長につれ変身する男女　168
三　冠婚の衣装　172
あとがき　177
主な参考文献　178

凡例

一　本書内での江戸服飾の時代区分　＊国立歴史民俗博物館の服飾区分と同様
初期…慶長から貞享まで（一五九六〜一六八八年）
中期…元禄から天明まで（一六八八〜一七八九年）
後期…寛政から慶応まで（一七八九〜一八六八年）

二　服飾用語は同一語であっても読み方が異なったり、多様の意味を持つものがある。また「小袖」のように、元は肌着であったものが年代の経過とともに、格が上昇して上流階級の表着《うわぎ》になるなど、役割が変化する衣があるため注意が必要です。
〔意味が異なる例〕
小袖《こそで》……袖口が小さい着物、肌着のちには表着《うわぎ》、絹小袖（着物）の綿《わた》入れ、古式の身幅の広い形
単《ひとえ》……裏が付かない一枚着、女房装束の内着

三　この本での「小袖」は上等な着物として使用。庶民の衣は「着物」で表記。

四　江戸時代の長さ（一尺、一寸など）を計るには、一般用の曲尺《まげじゃく》と裁縫用の鯨尺《くじらじゃく》がある。衣装の本なので通常は鯨尺の寸法で○㎝と表記。
一尺（曲尺は３０・３センチ／鯨尺《くじらじゃく》は38センチ）　一寸（曲尺は３センチ／鯨尺は3.8センチ）

五　掲載図版は絵画資料や版本から収録。原典通りに著者が模写、彩色。また原典が白黒のものなどに彩色を施したものもある。

各原典名は表記。

江戸衣装図絵　奥方と町娘たち

一　江戸時代（一六〇三～一八六八年）

㈠服飾全体・色

江戸は、武都であると同時に地方の人々も常に在住し、単身赴任者が多いことが特色の一つです。経済面では、初期は都市建設期による高度成長期であり、中期以降は財政が逼迫《ひっぱく》。中後期には三大改革へと進みました。また小袖や衣装の黄金期を築いた江戸時代は、文化面では日本独特の「江戸文化」を創った時代でもありました。時代区分は一七世紀が初期、一八世紀は中期、一九世紀を後期とするのが一般的ですが、服飾の区分は衣服の大きな変化により（身幅や形、流行の推移を加味）大きく次の三つに分けられます。

＊国立歴史民俗博物館の服飾区分と同様

初期……慶長から貞享まで（一五九六～一六八八年）中期……元禄から天明まで（一六八八～一七八九年）後期……寛政から慶応まで（一七八九～一八六八年）

◆江戸服飾の特徴　文化や流行は洋の東西を問わず、上層階級から生まれ、下に広まってゆくのが一般的です。しかし後期の江戸文化は逆に、町人層が中心となって開花しました。時代区分で見れば、江戸初期には権力と経済力を持つ武家が服飾をリード。草創期であり戦国時代の名残りも強く、武骨さや男っぽさが好まれた時代です。初期の美意識は安土桃山時代の気風を受け継ぐ「伊達《だて》」に代表され、〝伊達者《だてもの》〟や〝かぶく者〟による、大胆で派手な衣装を好む男たちの風潮が見られます。

中期に入ると経済力をつけた都市の豪商、町人層が台頭します。上方文化の主導期でもあり、華麗な色合い、着こなし、髪形などを創出し、贅沢で優艶な衣装美を展開しました。

そして一般に「江戸文化」といわれるのが江戸後期であり、「意気（粋）」という美意識を創り出しました。渋みのある洗練された魅力を生み出したのが、江戸の町人文化です。

◆「粋」という独自の江戸文化を創り出した要因　江戸の流行を生み出した〝先導者〟としては、次の三者が挙げられます。第一は流行を発信し続け、衣装の影響力は絶大であった歌舞伎役者たち。第二は、贅沢を粋にまで洗練させる場となった遊郭と高級遊女たち。第三は、その遊客である豪商や通人《つうじん》たちです。

このような独自の「江戸文化」を創り出した要因は三点考えられます。第一は「鎖国」により、外国の影響を受けずに内部熟成されて、日本独自の文化へと至ったこと。第二は身分に関わりなく、武家、上層町人、庶民など個々が自由に流行を創ったこと。第三は各自の手作りの時代だったこと。衣服の身丈や帯の長さの変更、また新しい髪の結い方など、自身で作るためにデザイン変更は容易でした。ここが現代と大きく異なる点です。

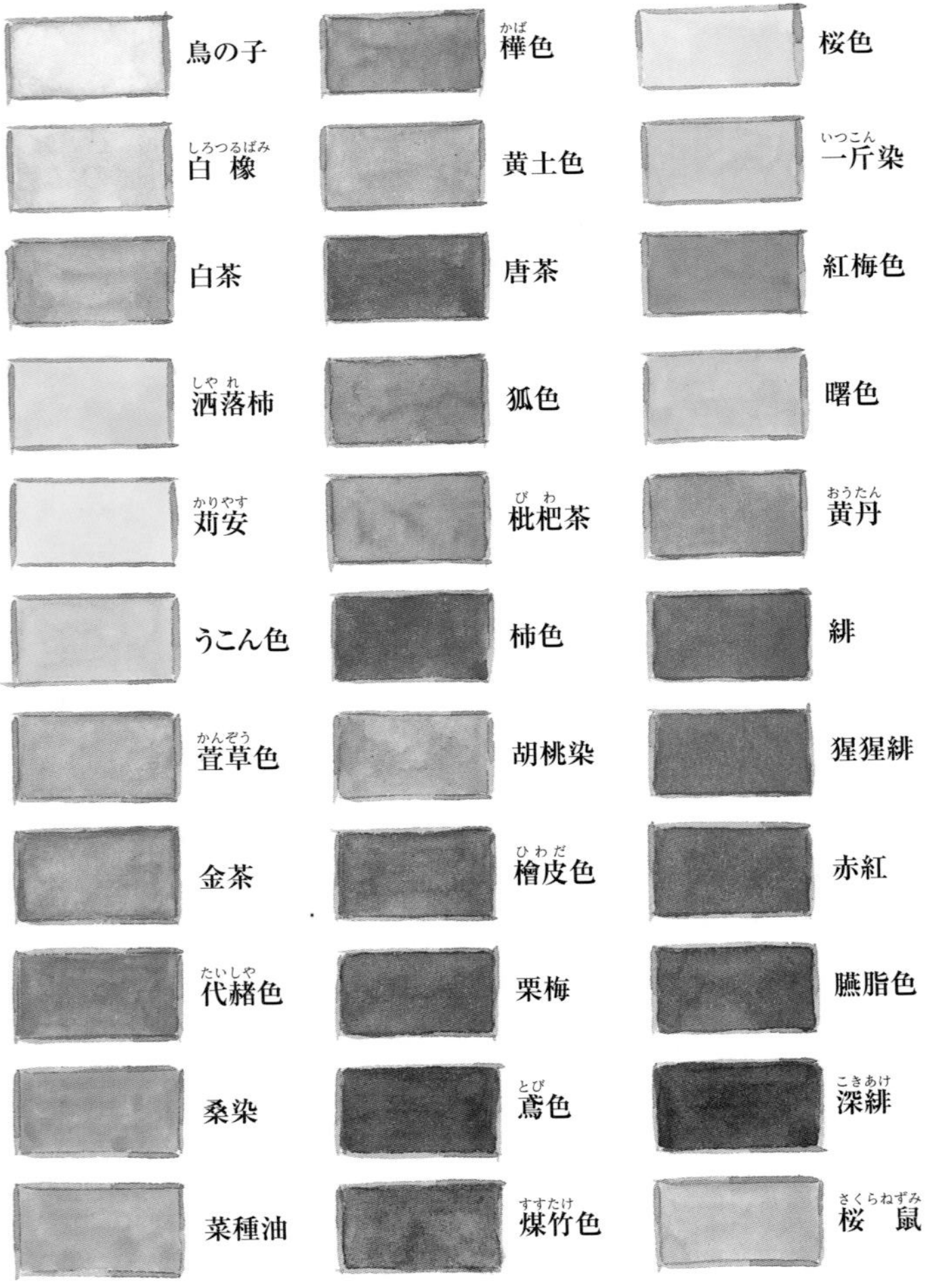
鳥の子
白橡《しろつるばみ》
白茶
洒落《しやれ》柿
苅安《かりやす》
うこん色
萓草《かんぞう》色
金茶
代赭《たいしや》色
桑染
菜種油
樺《かば》色
黄土色
唐茶
狐色
枇杷《びわ》茶
柿色
胡桃染
檜皮《ひわだ》色
栗梅
鳶《とび》色
煤竹《すすたけ》色
桜色
一斤染《いつこん》
紅梅色
曙色
黄丹《おうたん》
緋
猩猩緋
赤紅
臙脂色
深緋《こきあけ》
桜鼠《さくらねずみ》

瓶《かめ》のぞき	二藍《ふたあい》	白　録《びやくろく》
水色	江戸紫	錆青磁《さびせいじ》
浅葱《あさぎ》色	紫紺	裏柳
縹《はなだ》（花田）	白鼠	淡萌黄
千草色	銀鼠	若竹色
熨斗目《のしめ》花色	素鼠	梅幸《ばいこう》茶
御召《おめし》茶	深川鼠	璃寛《りかん》茶
藍色	灰汁《あく》色	路考茶
御納戸色	黒橡	利休茶
紺	憲法染	鶯色
褐《かち》色（かちん色）	墨色	御納戸《おなんど》茶

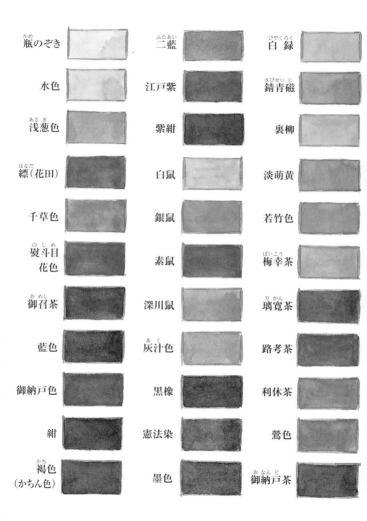

(二)「小袖」と「着物」

◆小袖の歴史

小袖の歴史には異なる二つの流れがあります。一つは平安時代「公家の男女の肌着」として始まるもの。もう一つは「庶民の木綿《ゆう》の労働着」から始まりました。平安期、多くの衣服を重ね着する公家装束《しょうぞく》にあっては、男子は上衣《うわぎ》である袍《ほう》などの一番下に小袖を用い、女子は女房装束《にょうぼうしょうぞく》（十二単《じゅうにひとえ》）の唐衣《からぎぬ》、表着《うわぎ》などの一番下に着る下着（肌着）として用いました。このように肌着としての小袖を公家、武家の男女共に着用しました。

一方庶民の労働着は何種類かあり、女子は細い筒袖で着丈は短く、着物打合せのワンピース形や、袖なし、上衣《うわぎ》と袴《はかま》など。男子の多くは上衣に細く短い袴をつけました。絵巻では庶民は一、二枚しか着ていないため、小袖は表着、衣服として着用。

平安期に肌着として登場した小袖は、江戸時代には服飾の中心的衣服となります。小袖（着物）は男女、武家や町人の階層を問わず、広く用いられました。

◆多様な小袖の意味

「小袖」には数種類の意味が含まれます。一つは公家系の袖口の大きい広袖に対して、袖口が小さい着物のこと。二、広義には古式の身幅の広いたっぷりとした衣服をさし、三、狭義には絹の全身の綿入《わたい》れを。四、表地と裏地が絹である「絹の袷《あわせ》の着物」をもいいます。総じて小袖とは絹で、上等な衣服という意味合いがあるようです。

そこで本書では上層階級の着用する絹を中心とした上質な衣服を「小袖」とし、これに対して庶民が着用する普通の生地で、一般的な長着は「着物」と表記しました。

◆小袖の四季による名称

四季のある日本では、衣替《ころもが》えをします。春夏物の四月一日から九月八日までは、春夏生地で袷《あわせ》や単《ひとえ》、秋冬物は九月九日（重陽の節句）から三月末日までで、袷か綿入れに厳格に替えました。また、四季の寒暑に応じて、単、帷子《かたびら》、袷、綿入れがあります。「帷子」は上流用の夏用、上質な麻の着物（上布《じょうふ》ともいう）。

◆名称付記

前身《まえみ》……身丈、身頃、襟、袖、袖口、袖幅、袖丈。
衽《おくみ》……前身頃の打ち合わせ前端側のゆとり布の部分。
褄《つま》……着物の裾《すそ》の前端部分。模様では褄模様は前端に模様が付いていること。
裄《ゆき》……後中心の背縫いから、肩先を通り袖口までの長さ。
袖丈……袖の長さで袂《たもと》の下端までの丈。
袂《たもと》……袖の袖付けより下に垂れ下がった部分。
袘《ふき》……袷や綿入れの裾や袖口などに、裏布を表にのぞかせた、配色の縁取り。

[小袖の形と名称]

桃山〜江戸初期の小袖の形

江戸初期から後期までの形の推移

江戸後期　　江戸中期　　江戸初期

【着物の名称】

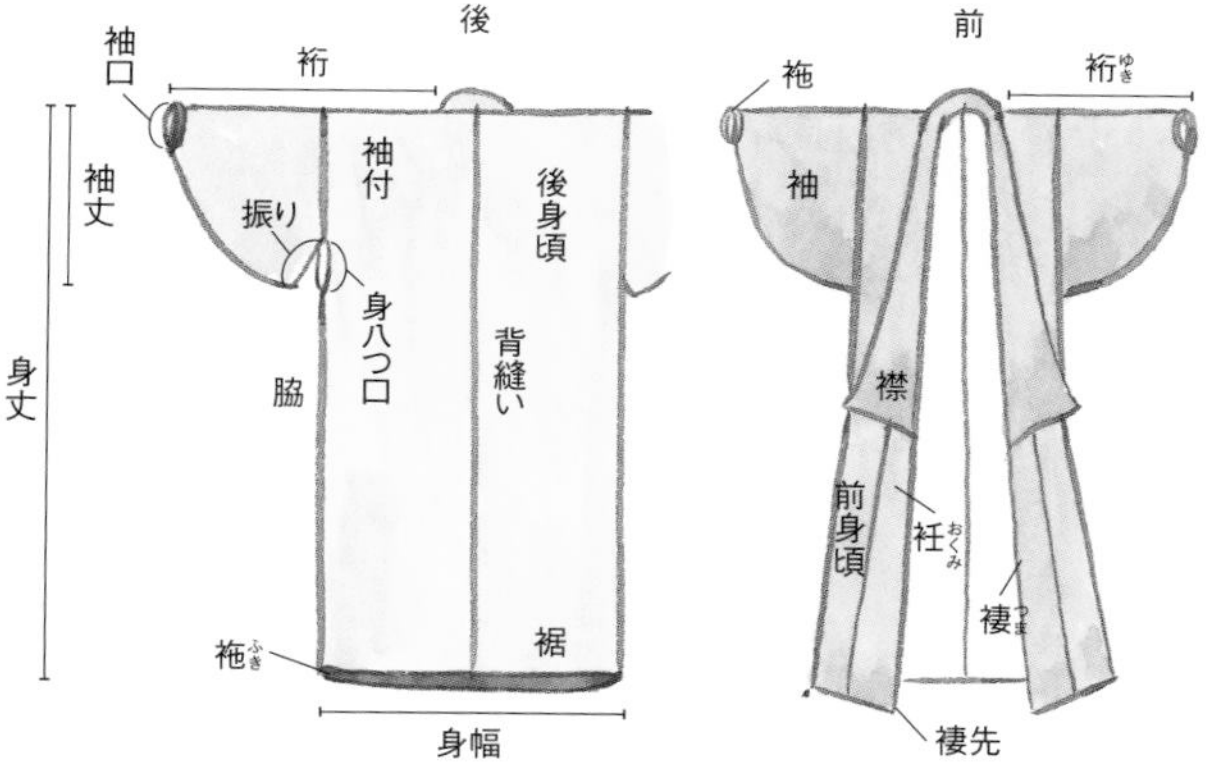

【袖の種類】

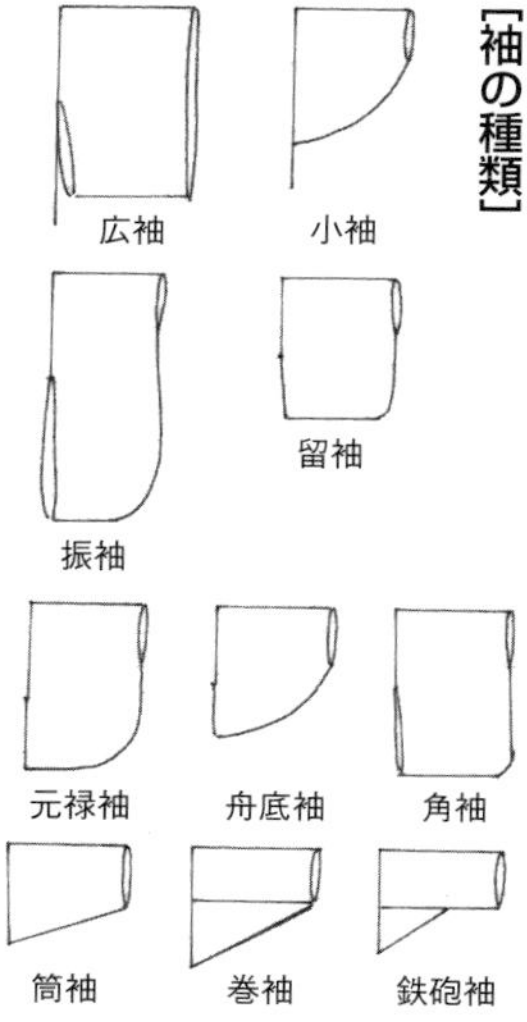

褄をとる姿『絵本浅香山』より

二　初期　工芸服の武家婦人と手作り麻衣の庶民

㈠江戸の男服と女服の違い　慶長から貞享まで　一五九六〜一六八八年

女子の服飾は男子の服飾とはまったく異なります。江戸時代には身分制があることから、男の服飾は武家・商人・職人の服のように限定されます。たとえば武士の直垂《ひたたれ》、商人の木綿縞《じま》、職人の半天・腹掛けなど。さらにその中での階級制により衣服は規定されています。

江戸の男は仕事服なのに対して女の衣服は全般に流行がありました。そもそも都会の女子は正規の職業はないのが一般的であり、娘時代は実家におり、嫁しては夫や子に従うのがごく普通の生き方です。ゆえに女子で身分と衣の細かい階級制の規定を持つのは、武家奥向きの衣服のみです。ですから女は男のように職業で衣服が変わることはありません。

また女子の衣服は流行を追える中上層（流行を誂《あつら》えることができる）と、下層である庶民とでは格差がありました。が、着物の身幅が細身になっていったり、帯幅が長くなるなどの全体傾向は階層に関わらず同様です。本書では女子服飾の時代ごとに変化してゆく傾向や、中上層における着物の流行、階層別の着物の様子を見ていきたいと思います。

【武家と町方　女服の違い】

女の服飾は規定のある武家の女子と、自由に表現できる町方女子とに分けられます。規定がない分、町方の女性たちは自由に着物の丈、袖の形、色、模様づけ、帯の長さ、髪形に関して「大胆に流行に挑戦」しました。江戸時代二百六十年をかけて衣装へチャレンジしたその姿と、美しさへの軌跡を見ていきたいと思います。

武家の女子は流行を作ったり追ったりする人達ではなく、伝統や上質を大事にする層です。武家の「総模様の刺繡縫《ししゅうぬ》い入り小袖」などは、明るい地に色糸や金糸の花々の柔らかでふっくらとした日本刺繡で縫われた小袖の、可愛らしさや格調高さは、私たちを魅了します。こちらは時空を超える美しさです。

一方、町方の女子は着こなしやコーディネート力、つまりセンスで見せる層なのです。地味な「縞《しま》木綿」をそのまま着たのでは年増に見えるだけ。「粋な縞」に見せるその感覚が必要になってきます。縞の面白さは、縞の太細、配列、配色の妙などです。袖口《そでぐち》からわずかに襦袢《じゅばん》の朱が見えたり、両面別柄の「昼夜帯《ちゅうやおび》」を上手に使う工夫が、センスの見せ所です。

女子の服飾は、男子とはまったく異なること。そして江戸町方女子の衣装は「流行の歴史」であることを基軸としながら、女子編に入りたいと思います。

[男子は職業別]

大名行列

参勤交代の大名行列。武士の間の序列は明確で、その衣服も明確だった。

「尾張徳川家大名行列図」より

[女子は年代につれて変化するファッション性]

江戸初期の小袖

着物はたっぷりの身幅に細帯や、ひも帯の時代。帯は細ひもなので結ぶ位置も脇など自由。髪はほとんどが右の女子のような“下げ髪”。

江戸中期の小袖

細っそりした身頃となり裾を引き始める。振袖が出現。帯は後ろ結びとなり、結い髪の後ろは反り上がるのが流行。

江戸後期の小袖

無地や縞の地味で粋なファッションとなる。帯幅は広がり、帯結びも様々に考案される。髪形は女子の階層別に考案された。

㈡江戸初期　女の着物

江戸は都市開発期の活発な気運が背景にあり、都市造りのため他国から武士や男性労働者が流入してくる状況でした。そんな中、慶長期（一五九六〜一六一五）の女子衣装をリードしたのは武家の女性たちです。戦国気分も引き続く中、女子の衣服には格差があります。上層である武家女性に対して、まだ戦国の村人ほどの江戸庶民は樹皮の繊維の着物でした。

【初期の男女の着物は同形】（現代では男女の丈など異なる）

初期、慶長の頃の衣服は貴賤、男女ともに小袖（着物）の形は同じで、現代とはまったく異なる形でした。身幅はとてもゆったりとしていて（現代の一・五倍）、袖丈《そでたけ》は短く、踵《かかと》までの対丈《ついたけ》。ただし武家女性の豪華な晴れ着である「慶長小袖（地無《じな》し）」は、打掛《うちかけ》として着用されたので、身丈、裄丈《ゆきたけ》（袖丈《そでたけ》）ともに長いようです。一般男女着物の袖丈は短く、袖口は狭く、肘《ひじ》くらいに短い六分丈でした。

＊寛文四年（一六六四）に反物幅《たんものはば》の改正があり身幅と袖幅が等しくなり、中期以降は身幅細身。

【町方上層の小袖】

◆寛文小袖

初期後半には「寛文小袖」という、自由で大胆な発想の着物が現れます。これは経済力をつけた上層町人の間で広く流行しました。模様は背面の右肩から左裾《すそ》へ向かうなど、左右が非対称のアシンメトリーで大胆な構図が特徴です。生地は綸子《りんず》（光沢に富む絹の高級品）。模様は〝太鼓と藤〟や〝牛車の車輪に波〟、碁盤、滝、三味線など、面白い模様の組み合わせにも特色があり、また将棋盤を目がけて上から滝が落下……など発想も大胆です。現代では誰が見ても綺麗な花々……という無難な柄が多くを占めます。

初期の女達は、自由にして大胆。初期豪商が背景のせいか、肝《きも》が据《す》わっているのでしょうか。彼女たちの生きざまが、模様から透けて見えます。

◆段模様（横縞）・額模様・文字模様

当時は太い横段の「段模様」など横縞《よこじま》が多く、縦縞《たてじま》はまれでした。後には縦縞《たてじま》ばかりになります。また洋風の絵の額を散らしたものや、和歌を連想させる「文字模様」小袖。あるいは文学的な題材、謡曲や伊勢物語から文字や絵の一部を模様に表し、主題を当てる「謎解《なぞと》き模様」。これら町方の小袖は絞りと刺繍、描絵《かきえ》を併用して表されました。

慶長小袖

この上層女子は当時を代表する白と紅の段替わりで、ゆるやかな州浜型の曲線模様。

「阿国歌舞伎図屏風」より

[町方女の小袖]
（寛文小袖）

藤棚に青海波模様小袖（江戸時代初期）

江戸初期後半には、上層町人の間で「寛文小袖」が流行した。模様は右肩から裾へ向かうなどの、左右が非対称で大胆な構図が特徴。

㈢武家女式服

【慶長《けいちょう》小袖（地無《じな》し）】

初代家康の慶長期から三代家光の寛永期（一六二四〜一六四四）にかけて、武家女性の式服として着用された慶長小袖（地無し）は、桃山期の縫箔《ぬいはく》小袖を引き継ぎながら、重厚さと豪華さが武家女性に好まれ、打掛《うちかけ》などに用いられました。主に綸子《りんず》（高級絹織物で光沢がある）の生地を黒、紅、ベージュなどに染め分け、摺箔《すりはく》と刺繡と鹿《か》の子絞《こしぼ》りで、地の部分が見えないほどに模様で埋めつくし、「地無《じな》し」とも呼ばれました。

『昔々物語』によると、四代家綱の頃は御殿女中や上流社会では婚礼、正月など男が熨斗《のし》目《め》を着る時（礼装の時）に女は必ず「地無し」を着た、小袖の数は少ないが「地無し」だけは持つほど流行した、とあります。この地無しは摺箔、刺繡など各々の技法に製作日数がかかり、莫大な費用になる小袖でした。また『守貞謾稿《もりさだまんこう》』によれば、家光当時の頃までは、一般町人の女性が「縫箔《ぬいはく》小袖」を自ら誂えることはありませんでした。武家屋敷に仕えた時に女主人から与えられたものを、婚儀や外出に用いる程度でした。

◆**慶長小袖の特徴**

形……身幅はたっぷりとして袖丈は短め。

生地……綸子《りんず》を中心に紗綾《さや》。紗綾は絹で生地に張りがあるため地無し用生地として最適。

色……黒、紅、ベージュなどの生地を点のような刺繍模様で埋めつくし、黒っぽい金摺箔《すりはく》（地に金箔を糊《のり》で着ける箔押《はくお》し）が載るので、複雑で微妙な質感と暗い色調。

技法……金摺箔、刺繍、辻が花染の技法や匹田鹿《ひったか》の子絞りなど。

着装……「慶長小袖」は晴れ着なので一般の小袖よりも丈が長く、小袖の上に打掛として着用したり、重ねて着ることもある。


江戸初期の上層の帯は、男女ともに幅6㎝から8㎝ほどの細幅の帯で、帯地には唐織や摺箔、縫箔といった小袖用の生地を用いた。まだ帯地はない（庶民の帯は帯の項に別記）。

◆髪形

初期はまだ結い髪が始まっていない時代。武家も庶民も平安時代から続く「下げ髪」が主。武家女性は初期後半になると、ポニーテールのように全体を上げて結び、垂らした。

◆初期　上層の全身スタイリング

武家や町方上層の女達の姿を絵画で見ると、肌着の他に内着として一、二枚、その上に表着《おもてぎ》としての身幅たっぷりの小袖。その上に「地無し」を重ねてきて細帯で腰を締めるか、小袖を細帯で締めて「地無し」を打掛として着用します。また上層女子の外出には〝被衣《かづき》（専用の衣）〟を被り、召使に日傘の長柄《ながえ》傘を差しかけさせました。

慶長小袖着装図

江戸初期の上流層での代表的なスタイリング。身幅のたっぷりとした対丈の着物で、細ひものような帯。まだ下げ髪で外出の際には被り専用の小袖である「被衣《かづき》」を被っている。

「花下遊楽図」より

慶長《けいちよう》小袖《こそで》　地無《じな》し(江戸初期)

地の部分が見えないほどに刺繍や金摺箔による模様で埋めつくされている。

「四季草花模様小袖」より

㈣初期　上層女子の生地、色、模様

江戸初期の武家など上層者が着用していた生地は、桃山から引き続く「舶来高級品」です。次に示す生地は外国からの直輸入品であり贅沢品のため、初期には特に将軍家への献上品や、諸大名など上流社会への贈答品でした。後には国産品が各地で織られてゆきます。

◆女の小袖生地・帯地も兼ねる　＊まだ帯地専用はなく、小袖生地を割って使用

綸子《りんず》……初期の小袖類には綸子が多く、柔らかく光沢に富んでいる。将軍家への献上品。

繻子《しゅす》（朱子）……地が厚く光沢に富みしなやか。小袖、帯、能装束の摺箔地《すりはくじ》に用いた。

緞子《どんす》……色鮮やかな模様であり、江戸初期には将軍、諸侯の裃《かみしも》や女の小袖に用いた（裃が多色・縞の織物など派手だったことに注目！）。

紗綾《さや》……生地に張りがあるため、全面に縫い（刺繡）が入る「地無し」の生地に用いた。

唐織《からおり》……中国から輸入した貴重な織物の総称。

羽二重《はぶたえ》……絹織物で当時は貴重品。後期には「黒紋付」といえば羽二重となる。

縮緬《ちりめん》……江戸期には中期以降に広く愛用され、表面に凹凸のしぼがあるのが特徴。

天鵞絨《びろーど》……オランダや中国に産し、光沢と質感が天鵞《はくちょう》の羽毛に似ている帯地。

夏生地……奈良縮《ならちぢみ》、越後上布《じょうふ》、明石縮。＊縮《ちぢみ》とは撚《よ》りの強い糸を使う。麻の最上品が上布《じょうふ》。

◆色

上層では黒、白、紅、ベージュ、深緑、黄土、こげ茶など暗い色調。

庶民は絵画資料では白、緑、赤、空色、紺など明快な色調。

◆模様

植物模様……松竹梅、桜、橘、菊、紅葉　動物……鳳凰《ほうおう》、鶴亀、千鳥、蝶、鹿

器物《きぶつ》……扇、羽子板、枕、筆、額、手鞠

建物……楼閣、垣根、橋、幕、筏、暖簾、船、短冊

人物……姫、唐子、仙人　自然物……山、水、磯、雷電、月

文字……詩、歌「判じ物（謎）文様」

直線模様……横縞、格子、菱、石畳《いしだたみ》、三つ鱗《うろこ》、亀甲《きっこう》、麻の葉、紗綾形《さやがた》

曲線模様……円、車、立涌《たてわく》、州浜、雪輪、青海波《せいがいは》

武家の上流社会が初期に用いた生地は、中国渡りの唐物であり舶来高級品でした。錦、金蘭、緞子などいずれも重厚で地も厚く、金彩で色も豊かです。表着としての小袖には綸子、羽二重、綾などがあり、なめらかで光沢がある点が初期の特色です。なお、男の裃《かみしも》は「麻裃《あさかみしも》で小紋」という地味で質素なイメージがありますが、初期にはこの舶来の金彩、多色使いの派手な裃であったことが文献に残っており、驚きです。後に裃は麻地に規定されました。

四　初期　上層女子の生地、色、模様

初期上層女子の代表的な外出姿で"被衣《かづき》"を被っている。
「祇園祭礼図」より

右の二人は女主人の方で、左の三人は庶民の着物の模様。
「洛中洛外図屏風」より

［初期模様］ 現存小袖より

三角・鹿の子

竹と曲線

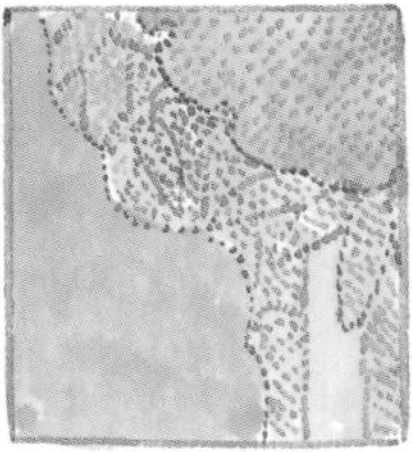

竹と雪輪

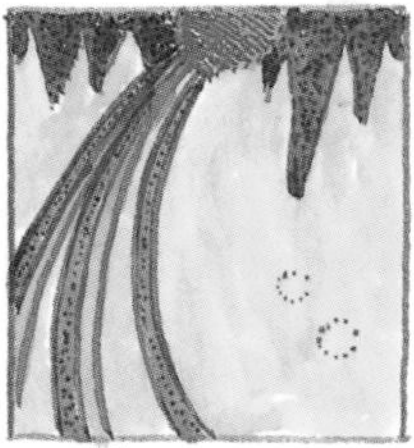

瓶《かめ》垂れ模様

床几と滝

額模様

波菊模様

網

手箱と雪輪

㊄贅沢禁令が出た染織・技巧

当時の武家女性の「地無《じな》し小袖」は、摺箔《すりはく》、刺繡、全身総鹿《そうか》の子絞《こしぼ》りなどの高度な技巧を駆使しており、日本の技術力の頂点ともいえます。またこれらの贅沢品には幕府から禁令が出されたため、女物では「高級技巧」に代わるものが必要となり、後には「染織」へと焦点が移行します。

◆染色

絞《しぼ》り……布を糸でしばり染める方法。糸でしばった部分へは色が入らず、その箇所は白く抜けることで模様となります。古くは下級武士や庶民の品のため低く見られていましたが、桃山時代に「辻が花」（枯れた味わいの独特な絞りづかい、高級品）が登場したことにより、価値観は一変しました。

鹿の子絞り……絹をつまんで糸をしばり染めると、丸くて白い目の斑《ふ》ができ、鹿の白斑と似ていることから命名。小袖全体に施した総鹿の子絞りの豪華な衣装は、徳川四代延宝から五代天和にかけて大流行しました（手絞りでなく型染による模倣品も多数あります）。「本来の総鹿の子」は専門の職人が一着に一年余りもかかるため、価も大変な額になりました。後に禁令が出ています。

友禅染《ゆうぜんぞめ》……元禄頃、扇絵の町絵師として人気の高い宮崎友禅にあやかり、友禅扇絵風の「友禅模様」が流行しました。技術の進歩により高度になった糊《のり》置き防染技法を用い、優しい絵画風の花鳥など複雑で細密な図柄と、多色になった色挿しが特徴です。

茶屋染《ちややぞめ》……一般的には茶屋染は、白晒《さらし》麻に藍の濃淡で、御所解《ごしょどき》模様といわれる細密な風景画や山水模様を染めた、夏の帷子《かたびら》（上質な麻の小袖）を指しています。徳川将軍の御三家、御三卿に限って許されたといわれますが、主に大名家や公家方の衣装です。

小紋……古くは武家男子の着物に始まり、江戸期には公服である裃《かみしも》に用いられ、長く男子のものでしたが、後期には女子も着用。遠目には無地に見えるほど微細な柄です。極めて細かい模様を彫った型紙を用いた型染。

藍染……藍という名前の植物はなく、葉に藍の色素を持つ植物には何種類かあるのを採集して染めます。

◆技巧

摺箔《すりはく》……模様の形に糊《のり》を置いて金箔を押します。

縫箔《ぬいはく》……色糸の刺繍と硬い摺箔という、異質のものを併用して模様を表したもの。

刺繍《ししゅう》……色糸を刺して模様を作り、染めでは表現できない膨らみと立体感がある。

切付《きりつ》け……別の布を模様に切り抜いて縫い付ける、アップリケ。

[染色]

友禅染

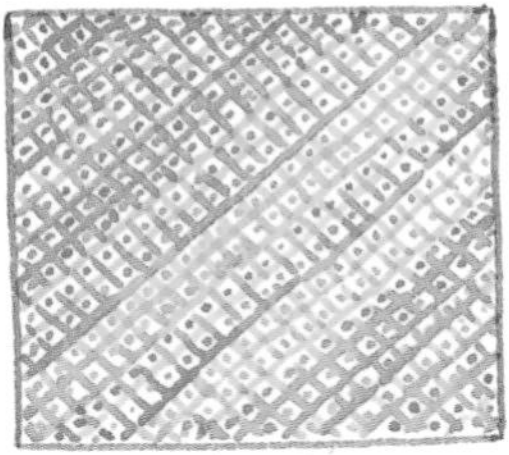

鹿《か》の子《こ》

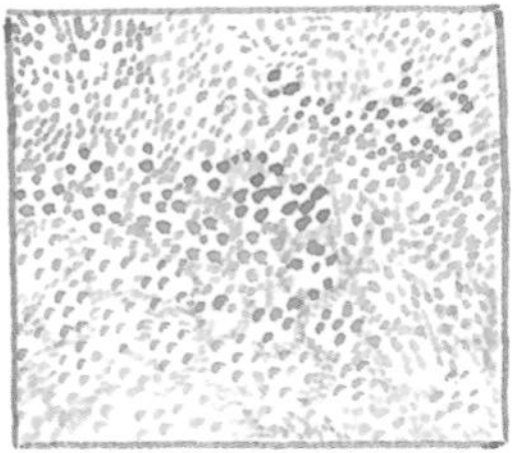

小紋

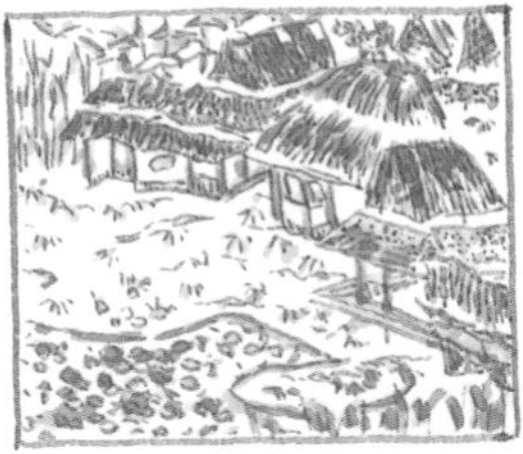

茶《ちや》屋《や》辻《つじ》

中形

藍染め

[技巧]

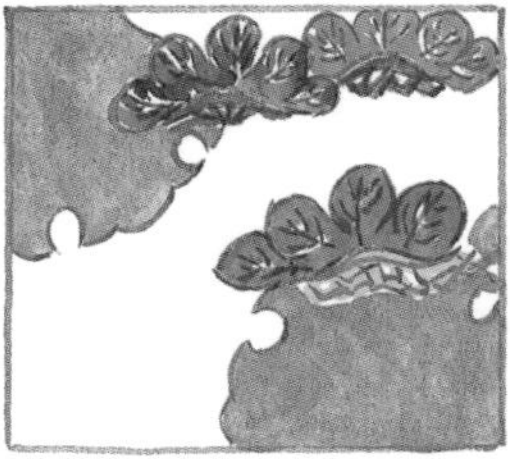

縫箔《ぬいはく》　金箔と縫い

摺箔《すりはく》　型置きした糊に
金銀箔を押す

描き絵

刺繡

サンゴ珠　縫い付け

切付け（アップリケ）

⑥初期　庶民の着物

【初期の庶民は衣一つのみ】

　江戸初期には「大坂夏の陣」が二代秀忠の時に起きるなど、まだ戦乱中でした。政権も固まっていません。この混乱期の中での少ない町人女子は、農民同様、麻や苧《お》などのごわごわした麻衣が中心の粗末な衣服を着ていました。関ヶ原の戦いの頃である当時の様子を、三百石取りの中級武士の父を持つ女性の随想である『おあん物語』から見てみます。

「十三の時手作りのはなぞめの帷子《かたびら》（麻の着物）ひとつあるよりほかには（衣は）なかりし。そのひとつの帷子を十七の時まで着たるによりて、すねが出て難儀であった。せめてすねの隠れるほどの帷子ひとつほしやと思うた」

　これは江戸開府直前の戦《いくさ》当時の話ですが、中級武士の娘であるおあんが、当時十三歳から十七歳までに一つの麻の着物しかもっていなくて難儀だったと語っています。樹皮から繊維を採る段階から作ったようであり、染めもし、自分の手作りです。

　また仮名草子『慶長見聞集《けいちょうけんもんしゅう》』では「諸人の衣装、木綿布子《ゆうぬのこ》なり。（布子は木綿の綿入《わたい》れ）麻は絹に似たればとて、麻布をいろいろに染め、わたをいれ、おひへと云うて上着にせしなり」とあります（著者注入り）。

慶長（一五九六〜一六一五）から寛永（一六二四〜四四）頃までの庶民や百姓の衣は、麻や木綿《ゆう》（同文字で、木綿《もめん》より粗い）の粗末な衣服に、細紐や縄が帯代わりでした。

両者の着物は、どちらも手作りであり、自分で植物を染料として染めています。まだ江戸は都市にさえなっていないので、都会は京都だけと思われますが、つまり日本全国、布は皆手作り状態で、木の皮から繊維をとり、糸を紡《つむ》ぎ、やっと糸になる。それから染め、織り、最後に自分で縫うのです。貨幣はまだ全面的には流通していなかったようですし、そのような混沌とした時代の庶民です。

一方で舶来品の唐物《からもの》などの小袖を着る武家女子がおり、二極化が激しかったようです。

【徳川四代　寛文頃】

四代家綱の代には、江戸の街も衣装も激変してゆくことになります。明暦の大火（一六五七）という江戸の町を焼き尽くした、時代を画する大火がありました。江戸城も大名屋敷や家屋もすべて灰。もちろん豪華な晴れ着「慶長小袖（地無し）」も灰です。この焼け野原となった江戸の街からの復興で、経済力をつけ台頭してゆくのが新興町人です。『守貞謾稿』や『我衣』によれば町人、庶民の衣服は、徳川三、四代頃までは粗末だったのが、明暦大火後の寛文頃から奢り始めたというのが一般的なようです。

[江戸初期　庶民の着物]

短い丈の着物にラフな髪形の
庶民の男子たち。
「江戸名所図屛風」より

たっぷりとした幅の半丈の着
物を着て、働く婦女たちと子。
「職人図屛風)より」

「洛中洛外図屛風」より

たっぷりとした広幅の着物で、横の切り替えや
丸っこい柄など明快な模様が多い。

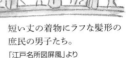

女子の集団。横縞や横の段替わり（切り替え）が多い
輪の模様も多く、皆、細帯で髪は〝ぐる髷〟か下げ髪。
「江戸図屏風」より

遊女なのか派手に
着飾った二人。
「江戸名所図屏風」より

ぐる髷と下げ髪の
二人。細帯。
「江戸図屏風」より

庶民の代表的な模様。
「洛中洛外図屏風」より

㊆初期は細帯・ひも帯

慶長から貞享まで　一五九六〜一六八八

江戸初期の着物幅は貴賤を問わず男女ともにゆったりとして、丈はかかとまで正方形のような形。この着物に対しての帯（紐《ひも》）です。初期には帯に至る前の「細ひも」から始まり、中期にかけて少しずつ幅が広くなります。初期の上流社会では8㎝程の細帯（平絎《ひらぐけ》帯）が多く、前述の金襴など小袖用生地を使用。また一般的に多いのは「細紐《ほそひも》（裏付き）」を巻いて結び垂れるもの。またかぶき者達は「名護屋帯」という、絹糸で長い縄状のものを巻いて結び垂れるのが好みでした（現代の名古屋帯とは異なる）。

〝帯結び〟は「片わな（片方）結び」「両（諸）わな結び」「わな結び（花・蝶結び）」が行われ、延宝頃からは「カルタ結び」が男女ともに流行。いずれも男女に共通する帯結びです。中期の元禄にかけては帯幅が少しずつ広くなり、ひもや縄状の帯は廃れました。

◆帯の幅と長さ

慶長……細紐《ひも》が帯。　寛文……帯は男女とも幅約8〜11㎝。長さは約2.3〜2.7m。

帯の生地は上流では金襴、緞子などが使われ、庶民は男女ともに細ひもや縄と質素。

◆帯の模様

横縞《じま》・亀甲《きっこう》・立涌《たてわく》・紗綾形《さやがた》・七宝《しっぽう》・幾何学模様・花鳥模様

◆帯の染、織模様

摺箔《すりはく》……布に糊を置き金箔を貼りつける。

切付《きりつ》け……地に別の布を模様型に切抜き縫付け。

鹿《か》の子《こ》絞《しぼ》り……布に小さな白い円形の絞り模様。

◆帯の種類

紐帯《ひもおび》……桃山から江戸初期にかけての帯というより紐で、細幅の布ひもを腰に巻いて着用。

名護屋帯……桃山から初期にのみ見られ、絹糸で長い縄状に組み上げた紐で、両端は房状。長さは約3・8mで、三、四重に巻き、脇や前後に結び垂らす。遊女やかぶき者に多い。

カルタ結び……徳川四代の延宝頃に盛んとなり、初期を代表する結び方。カルタを三枚並べたように見え、石畳結びとも言う。男女とも用い、結ばずに折り込むだけの簡単な結び方。結び位置は細幅のため前後や脇など自由。

◆帯の特色

江戸初期の帯の特色の一つは、男女共通であったことです。二つ目は細紐や細帯であり、細いということ。三つめは細いので結び位置は自由。四つめは結び方はザッと結ぶとか、折りたたむだけであり、まだ結び方は開発される前という段階です。帯は庶民には紐帯やカルタ結びが男女ともに結ばれました。

平絎帯《ひらぐけ》

上流が主に用い、初期にはまだこのように細幅の帯で、男女ともに8〜11cm前後。

「桜下美人図」より

カルタ結び

遊楽図のせいか、当時流行の肩の横段使いでハイセンスな着物。男女児不明。

「遊楽図屏風」より

カルタ結び

この少年は斬新な柄の着物を着たかぶき者。カルタ結びはカルタを3枚並べたような形。（石畳《いしだたみ》結び）

「四条河原遊楽図屏風」より

名護屋帯

桃山から江戸初期にのみみられ、絹糸で長い縄状に組みあげたもの。大変長く体に三、四重に巻き、結び垂らした。遊女やかぶき者の姿に多い。

「桜下美人図」より

紐《ひも》帯

細幅の布を腰に巻いて結ぶ。下げ髪。

「桜下美人図」より

名護屋帯

「遊楽人物図屏風」より

細帯の脇結び

このように細紐なので、結び位置は脇でも前でも好みで。

「遊楽人物図屏風」より

＊これらの絵には振袖の人が多いが、屏風絵のため流行最先端の人々を描いているためで、市井で振袖が登場するのは江戸中期以降です。

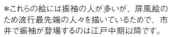

三　中期　上層町方の女小袖

㈠上層町方の女小袖　全体

元禄から天明まで　一六八八〜一七八九年

◆**社会背景**

中期に入る直前には、江戸に大変革をもたらした明暦の大火が起きました。江戸の大半を焼きつくしたこの火事の復興により、町人たちが急激に経済力をつけてきます。元禄頃には豪商や新興町人層が台頭し、文化面では西鶴、近松、浮世絵師達が輩出した百花繚乱の時代でした。また札差や江戸の留守居役達は料理茶屋や遊郭での遊行と、富裕層の生活は贅沢に華美に傾きます。当時は商品・文化共に華やかな「上方文化」主導期でした。

初期の豪放闊達で自由だった気風や風俗は、中期になると上方の華麗で繊細な好みへと変わってゆきます。初期の「地無し」のような豪華で技巧に勝る小袖は大火で失い、また幕府からは度々贅沢禁令が出されました。そこで技巧の小袖から、当時出現し始めた「友禅染」という高技術の染の小袖へと流行が移行してゆきます。これは画期的なことでした。

そして中期の特色は「色」にあります。「友禅染」の高い染織技術があいまって豊かな色彩で表現されました。また模様は初期には全面の総模様だったのに対して、中期には帯幅が広くなった影響が強く、帯を避けた部分使いの模様付けになります。

◆**小袖の形**

初期には広い身幅でしたが、反物幅改正により、中期には身幅が細身に変化します。丈は対丈から裾を引きずるようになり、外出にはひもで裾をからげるようになりました。

◆**娘用には振袖誕生**

中期にはたもとが長くなり、上層の娘には振袖が始まります。大振袖は徳川五代頃の一尺五寸から長くなり、九代の寛延には曲尺だと約88㎝と、地をひきずる程となりました。またもとの形は中期には「元禄袖」という、袖下の丸みが大きい形になります。また袖が長くなったために脇明け（身八つ口《みやぐち》）が必要になりました。

【江戸中期の帯】

初期には細ひもであった帯が、広く長くなってきたことが、中期の特色です。帯が着こなしの上で大きな位置を占めることで、多様な帯結びの変化ができ、また帯を意識して模様を肩、裾に分けるなど、模様付けへのデザインも工夫されました。そして結ぶ位置は初期にはどこでも自由でしたが、中期には婦人と老女は「前結び」が多く、若い娘は「後ろ結び」が多くなり、混在しています。

[中期町方女の小袖]

身丈が細っそりとなり、丈が長くなりつつある。皆、流行の「吉弥結び」。
被り物は笠か綿帽子。
菱川師宣「江戸風俗図巻」より

二人は中期の代表的な髪形である「かもめ髱(たぼ)」で、後ろ髪が反り上がっている。
※版本より

二人とも「友禅染」の着物に、帯は長丈の「水木結び」。髪は「かもめタボ」。
※図は『和国百女』を中心に江戸中期の版本より

左の婦人は「前帯」。真ん中の女子は「被衣《かづき》」を被っている。右の腰元の着物は腰高模様で前帯。
※版本より

中期には裾が長くなり始め、女主人は長い裾をたくし上げている。
菱川師宣「北楼及び演劇図鑑」より

右上の娘の髪は「大島田《おおしまだ》髷《まげ》」で、帯は「吉弥結び」。左の召し使いは流行遅れである「下げ髪」で前帯。

菱川師宣「江戸風俗図巻」)より

㊁上層町方の女小袖の形、生地、色、模様

◆江戸中期　小袖（着物）の形

身幅……初期の広い身幅から、細身になる。

身丈……元禄には対丈《ついたけ》と裾《すそ》引き、両方あり、中期後半には皆裾引きへ。

袖丈……短かった袖丈は長くなり手首までに。

袖形……中期には元禄袖という、袖下の丸みが大きい形へ。

◆江戸中期の生地

前半は上方文化の影響が強く、華やかで艶のある生地、綸子《りんず》、紗綾《さや》、羽二重《はぶたえ》など。元禄以降の町方では友禅染の流行に伴い、染色には最適な〝縮緬《ちりめん》〟が激増。後半には縞《しま》が流行り出します。明和には上田八丈縞《はちじようじま》、変り縞。安永より縞縮緬《しまちりめん》、緋鹿《ひが》の子《こ》。その後大名縞。

◆中期の色

友禅染により色彩は多くの中間色が増え明るめ。藤色、玉子色、蘇芳（赤茶）、水浅黄（薄青緑）、瑠璃紺、鶯色、花色（青）。後半には浅黄色（緑青）、路考茶（暗い鶯色）。

◆模様

元禄期に経済力をつけた商人は贅沢な風を好み、「元禄模様」のような艶麗優美、上方

文化の繊細で華麗な好みとなり、模様には百花など花鳥風月の味わいがあります。

友禅染……元禄頃には当時の画期的な新技術である「友禅染」が、上層町人女性達へのニューモードとして登場します。この染は当時人気の扇絵師、宮崎友禅というブランド品でもありました。友禅染は高度な糊付け技術で微細な線と色表現が可能になり、今までにない中間色の広がりに特色があります。友禅自身は関わっておらず、呉服商などの連携です。

光琳模様《こうりん》……絵師の尾形光琳の人気にあやかり呉服商が商品化。モチーフは〝光林（琳）菊、光林松、光林水〟などの繊細な草花模様。上層商人の娘達に大流行。

割模様《わり》……宝永頃からは帯部分を避けて上部と下部に模様を分けて置く「割模様」が出現。上下の模様は関連した題材（秋の気配に楓、アザミ、菊を散らすなど）。あるいは上下テーマを組み合わせた（下部には競馬《くらべうま》が競い、上部は赤と白のチェック）を置くなど。

腰高模様……裾から帯上の、胸元や両袖までの高い部分まで模様が入る小袖のこと。江戸初期には全面柄だったものが、模様は減ってきました。

中期後半になると模様の状況は一変します。八代吉宗の享保九年（一七二四）の禁令の影響で、着物の派手な大模様は廃れ、中期の後半には見かけは地味な模様になっていきます。宝暦以降（一七五一～）には、模様を肩と裾だけに置いた「肩裾模様《かたすそ》」や、裾だけにつけた「裾模様」が流布。また「縞柄」や「小紋」など地味なものが好まれるようになり、このまま江戸後期の〝江戸の粋〟へと向かいます。

［友禅染］

京名所模様小袖

友禅染は極微細な線描技術と豊かな色彩が持ち味。

［光琳模様］

菊松模様小袖

元禄期の画家、尾形光琳風の繊細な草花柄を、呉服商が商品化した模様。

【割模様】

賀茂競馬《くらべうま》模様小袖

帯部分を避けて、模様付けは上部と下部に分けて置かれた小袖。

【腰高模様】

流水に秋草模様小袖

裾から胸元や両袖にかかるほど高い部分まで模様が入る小袖のこと。

㊂中期の帯　少し広め半幅帯へ　元禄から天明まで　一六八八〜一七八九年

中期の帯には大変化がありました。帯の幅は広がり、また長くなったことが特色です。このことが〝帯結び〟と〝結ぶ位置〟に影響を与えます。

○帯の幅と長さ、生地、模様

初期……鯨尺《くじらじゃく》で二、三寸（8〜11㎝幅）。中期延宝（一六七三〜）頃…15㎝幅。元禄（一六八八〜）頃……19〜23㎝幅。享保（一七一六〜）頃……30〜34㎝幅、長さ4ｍ位。現代とほぼ同じ。

○帯の生地……繻珍《しゅちん》、綸子《りんず》、縮緬、ビロード。模様……無地が多い。縞《しま》、花、蔦《つた》、幾何《きか》。

初期の「ひも帯」は実用性が主でしたが、中期に帯幅が広がり長くなると、帯結びが次々に考案され、帯は一気に装飾性を持ち始めました。中期の女帯が急に長くなったり、結び方のバリエーションが増したのには訳があり、歌舞伎役者の影響が強く見られます。女形のスター達は様々な帯結びを考案し、これには役者の名が冠され、若い町娘から婦人達まで広く大流行しました。また女帯の長さに革新をもたらしたのは、延宝の歌舞伎女形、上村吉弥の「吉弥《きちや》結び」です（浮世絵「見返り美人」の帯結び）。これがきっかけとなり、帯結びは華々しく展開してゆきます。

◆**帯結びの種類**

中期に考案された帯結びは、五代延宝には上村吉弥による「吉弥《きちや》結び」、元禄には水木辰之助による「水木《みずき》結び」、そして村山平十郎による立て結びの「平十郎結び」、二世瀬川菊之丞による「路考《ろこう》結び」があります。

昼夜帯《ちゅうやおび》……中期も後半の明和、安永に入ると「昼夜帯」が大流行しました。これは表と裏は別々の布を用いて仕立てたもので、表地には多彩な布、裏面には黒繻子《しゅす》(光沢がある)を用い、娘、婦人とも全般に広く愛された帯です。

抱《かか》え帯……当代では着物丈が長くなったことから、「抱え帯」で長い裾をたくし上げました。室内では裾を引いて暮らしますが、洗濯で庭に出たり、外出の際にはこのひもを用います。様々な形状で、ひもから「しごき帯」のようなソフトな帯まであります。

○**帯結び位置**

帯幅が広くなると結び目が大きくなるので、前結びは邪魔になり、後ろで結ぶのが一般的に。婦人や老女は「前結び」が多く、娘は「後ろ結び」が多くなり、混在しています。

○**帯の特色**

一、帯の幅は広がり、丈は長くなった。　二、歌舞伎役者が帯結びの流行源。

三、「昼夜帯」が大流行。　四、〝結び位置〟は婦人は前、娘は後ろ結びが混在。

水木結び

吉弥結びを長くしたもの。

「桜下美人図」より

(左)**吉弥結び**　(右)**はさみ結び**

右は帯先を帯の下にはさみ込んだもの。

「姿絵百人一首」より

しごき帯

家居や遊女の姿に多い。

鈴木春信より

横帯

この老女は横で結んでいる。

「和国百女」より

前帯と後ろ帯

真ん中の婦人は髪に「置《おき》手拭」をし、前帯に結んでいる。右の島田髷《まげ》の娘は「吉弥結び」で後ろ結び。

『岩木絵尽』より

突込み帯
『絵本浅香山』より

突込み帯
『絵本常盤草』より

突込み帯は何タイプもあるようで、左は下に差し込み、
中は端を上げており、右は丸めてから差し込んでいる。

帯で抱え帯、兼用の姿

家事の時には抱え帯を使わずに、
帯の間にはさむ姿が多く見られる。

「和国百女」より

(左、中)吉弥結び、
(中)赤いひもが抱え帯

中期に創出された「吉弥結び」と、中
は裾をたくし上げる「抱え帯（紐《ひも》）」。

菱川師宣より

㈣中期の帯結び

◆吉弥《きちや》結び　浮世絵〝見返り美人〟の帯結び

徳川五代延宝期、歌舞伎の女形・上村吉弥の舞台姿から流行した帯結びです。片方を輪にして他方には帯端を出して垂らしたもの。帯幅くらいに収まる短い帯結びで、可愛らしい雰囲気です。それまでは初期の「カルタ結び」であり、細幅の帯端を折りたたむだけなので、帯の端を下げることはありませんでした。吉弥結びは帯先を垂らすという発想で画期的です。また帯丈が長くないとできないため、帯屋たちは長くして価格を上げました。

◆水木《みずき》結び

元禄期の女形役者、水木辰之助が用いた帯結びです。「吉弥結び」の帯先をさらに長くした華やかなもの。吉弥結びはたれが短く、ウエスト位置でしたが、水木結びの帯先は娘の膝丈《ひざ》位に及びます。たれを長く垂らすことにより動的な揺れる美しさや、娘が座った時に衣からこぼれる帯端の動きや色が美しいことでしょう。この華やかさは若い娘や少女にもてはやされ、年頃の娘はたいていこれに結んだようです。

◆平十郎結び

女形・村山平十郎により流行したという「平十郎結び」は、背に一直線となる〝竪《たて》（立て）結《むす》び〟で、かなり目立つ大胆なものです。やはり少女や娘用。上に結び輪《わ》がきて、帯は垂直に立てる結び方でした。

◆路考結《ろこう》び

人気女形だった二世瀬川菊之丞《せがわきくのじょう》（俳名・路考）の舞台姿から流行した結びです。徳川十代の明和・安永頃から盛んに結われたといわれます。形は下ぶくれのお太鼓形から、両横に水平にたれ先が出ていて、この左右のたれは、一方はふっくら、他方は平《たいら》の別形になっています。若い町娘や婦人に流行しました。

◆昼夜帯《ちゅうやおび》（鯨帯《くじらおび》）

中期も後半の明和・安永頃に入ると「昼夜帯」が大流行しました。中期の花形の帯であり、後期には継続して定番となっています。表と裏は別々の布を用い、初め頃はすべて白地と黒地をとり合わせたので鯨帯とも言います。一方は黒繻子《くろしゅす》という光沢地で、他方は流行や着用者の年齢、好みにより色柄を選びました。娘は緋鹿《ひが》の子《こ》、婦人は地味な色や柄などで、広範囲に婦女全般に愛用されました。

◆はさみ帯

突込《つっこ》み帯、差し込み帯などといわれ、巻いた帯の端を前や脇あたりにはさみ込むことをいうため、形は様々です。前でひと結びして短く差し込んだり、前でくるりと丸めて差し込むもの。絵画では遊女姿に多いようですが、一般婦女にも見られます。

水木結び

水木結びは、吉弥結びを長くした結び。

『絵本和歌浦』より

吉弥結び

中期を代表する帯結びで、歌舞伎の女形が創出。町方娘も遊女も皆、この結び方。

「姿絵百人一首」より

二重がさね

輪が二つの結び方。

『絵本小倉錦』より

竪《たて》結び（平十郎結び）

立てとなると派手なせいか、少女や若い娘に多い。

『絵本花葛羅』より

中上層、町方の娘たち

帯結びは当時流行の「吉弥結び」。被り物は笠や綿帽子。外出には裾を持ち上げたり抱え帯を用いている。

『和国百女』より

昼《ちゅう》 夜《や》帯《おび》(鯨《くじら》帯《おび》)

『女用訓蒙図彙』より

小まん結び

上部を屏風だたみにして
上に一文字に開く。

『都風俗化粧伝』より

(左)胸高帯 (右)水木結び

帯の結び位置が高い胸高帯。

『風俗鏡見山』より

㊄豪商妻女の衣装くらべ

◆元禄の豪奢な世相

四代末の延宝から元禄にかけては、時代の世相が贅沢に華美に傾き、町には享楽的気分が蔓延していたようです。五代将軍綱吉が贅沢品の禁令を出しても、いかほどの効果も上がらぬ百花繚乱の元禄（一六八八～一七〇四）。まずは当時の様子を見てみましょう。

まるで大名諸侯をも凌ぐような豪奢な生活をおくる大町人には、紀伊国屋文左衛門や奈良屋茂左衛門があげられますが、それでは富商の妻女たちはどのような享楽的気分に酔っていたのでしょうか。浮世ばなれした元禄の様子を「衣装くらべ」に追ってみます。

◆豪商妻女の衣装くらべ

江戸浅草黒船町の豪商、石川六兵衛とその妻は、江戸では評判の派手好み。隅田川のほとりに構えもりっぱな風雅な屋敷があり、大名諸侯や幕府役人の接待に用い、贅を凝らした暮らしぶりでした。妻女の方はふだんの日常着にさえ最高級品である、綸子《りんず》や綾《あや》、紗《しゃ》、縮緬《ちりめん》などの小袖を身に着けており、儀礼的な晴れの外出には舶来の緞子《どんす》や繻子《しゅす》、摺箔《すりはく》なども着用していました。あるとき京都に来て、桜の美しい東山に出向いたところ、京の豪商、那波屋（難波屋）十右衛門の妻と出会ってしまい、にわかに「衣装くらべ」となった次第です。

京の那波屋の妻は、「緋繻子《あけしゆす》に洛中の名勝を金糸で刺繍した小袖」。私が察するところ、この小袖は緋色で、大変滑らかな艶のある繻子地。その小袖には京都洛中の名勝地である風景を、極微細に金糸で刺繍してあるようです。そして当時のファッション界は「名所の風景」を描きこんだ友禅染が最新モードでした。一方、江戸の石川六兵衛の妻は、〝黒い衣装なれど黒羽二重《はぶたえ》に梅の立ち木模様が描いてある〟。この「立木《たち》模様」というのも流行の最先端で、小袖の背面いっぱいに、一本の樹木が大きく枝を広げています。しかし黒い衣装なので、かなり地味な印象にはなってしまいます。

そこで誰しも華やかな那波屋の方に軍配が上がりそうになりましたが、よく見ると石川の妻のその黒羽二重に施された梅のつぼみには珊瑚の珠を一つ一つ縫い付けてあり、さすがの京雀も驚いたとあります。

この元禄期に輩出した実在の豪商たちは、ほとんどが後に家運が傾いたり、没落という憂き目をみています。石川屋の妻女も後に、ある科《とが》により夫妻は闕所《けつしよ》という形で、所領、全財産を没収の上、江戸追放となっています。

次頁の絵には高度成長期であった元禄頃の、富商の暮らしぶりがわかる絵をとり上げました。瀟洒な座敷には打掛を着た女主人と、上腰元たちが趣味を楽しんでいる生活ぶりが描かれています。

豪商妻の衣装くらべがあった頃の、上層の暮らし方で、皆で香を楽しんでいる。右上の有徳人の妻は打掛を着用。右側は二人の娘らしく、右端の子は打掛着用であり、真ん中の娘は友禅染の着物に帯は吉弥結び。左は侍女二人のようだが、右の娘は紋付の「腰高模様」で、内着には格子の着物を着ている。左端の年増の女性は前帯。

上層妻の暮らしぶり「有徳人の室・十種香の躰《てい》」
西川裕信「百人女郎品定」より　中期享保頃

㈥武家と町方女　好みの違い

◆武家女子が先導役

江戸中期の武家女性の小袖に「立木《たち》模様」というのがあり、これは柔らかくて光沢のある綸子地に、模様は背面に松、桜、梅、橘などの樹木が大きく枝葉を広げたような意匠です。

『守貞謾稿』によればこの模様は御殿女中の上輩のみが用いる。たとえば幕府の御本家や御主殿（将軍の娘で大名に嫁した人）などで、諸大名の奥方、息女も着用できるが以下は着られないとのことでした。しかしそれはこの模様が出始めた初め頃のようで、後には町方女性も「立木模様」を着るようになりますが、町方の方は縮緬地に友禅染の染めで表されたようです。

続く享保頃の武家女性の小袖の模様には「割模様」という、帯を境に上の方と下半身で模様が異なる小袖が現れますが、後に町方女性の方にも同様の現象が見られます。江戸初期から中期半ば頃までの女子服飾は、武家主導を町方が追随するといった風であり、共に傾向は同じでしたが、この後両者は分かれてゆきます。

◆武家男女は「織物が上位」の価値観　武家男子は織りが上位、染めは下位

幕府の男子儀礼用の衣服には階層が八つあり、束帯《そくたい》、衣冠《いかん》、直垂《ひたたれ》、狩衣《かりぎぬ》、大紋《だいもん》、布衣《ほい》、素襖《すおう》、長裃《ながかみしも》です（「武士と町人」編に記載）。この最後の裃《かみしも》には「小紋」が規定されていますが、小紋は染色です。織物で仕立てられた上位の直垂などと比べたら、染めの小紋はあくまで略服で、価値の低いもの、一番下になります。

武家の女子は男性以上に「染色」に対しては評価が低く、彼女たちの生地の上位はやはり「織物」です。素材本来が持つ上質感のある物を好み、第一は織物、第二は刺繡と考えており、軽み感のある染色は低位置だったようです。

◆町方女子と染色

これに対して元禄頃の上層町方女子の方では、初期の豪華で技巧に優れた小袖に代わり、友禅染の染色《い》が最新ファッションに登場。格など頭になく、構図の構想や、ユニークさ、ハッとするドキドキ感、つまり流行性の高いものを求めていったように思います。

次頁の絵には〝武家の小袖〟と〝町方の小袖〟の代表的なものを挙げてみました。武家の方は全身総柄（上級の場合）であり、全面をふっくらした日本刺繡の色糸や金糸を用い、様々な刺繡技術を用いて華やかな質感を出すというものです。もちろん高級感に満ちています。武家と町方は生まれた時から、違う気質を持っていたのでしょう。

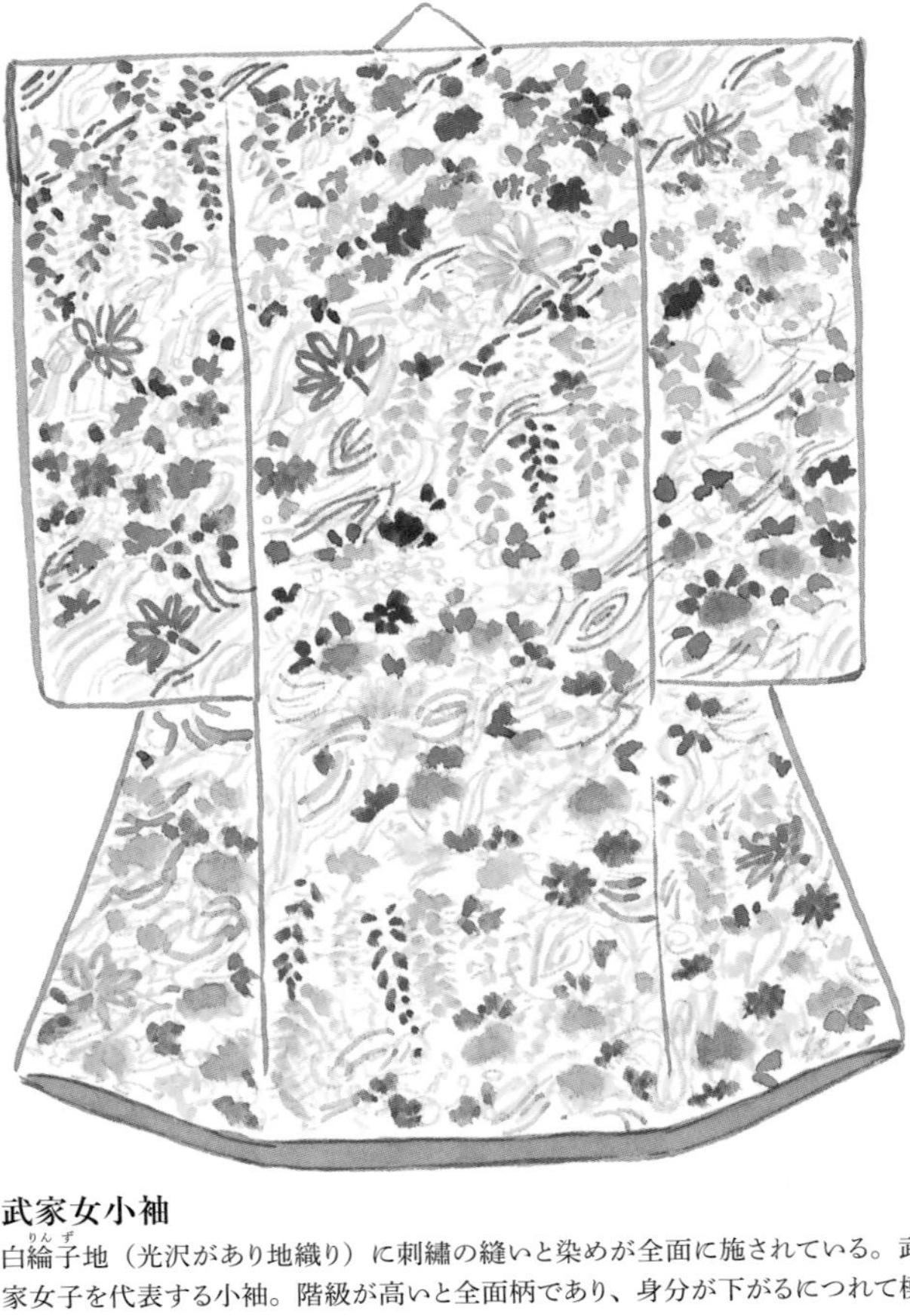

武家女小袖

白綸子《りんず》地（光沢があり地織り）に刺繡の縫いと染めが全面に施されている。武家女子を代表する小袖。階級が高いと全面柄であり、身分が下がるにつれて模様が少なくなってゆく。

「扇流水草花模様振袖」

町方女小袖

この大胆な発想・デザイン・構図をとるのが町方小袖の大きな特徴。小袖に「文字入れ」というのは元々武家の女子が楽しんだものだが、武家のものは上品でおとなしい趣になる。この自由な発想性が町方独自といえる。

『元禄期雛形《ひながた》本』より

㊆中期　庶民の着物

これまで見てきた「流行の着物」といった場合、自分好みの特注品を誂《あつら》えることができる層、上流層となります。初期に経済力があったのは武家ですが、中期には町人の富商の妻女たちが誂えていました。でも多くを占める庶民はどうだったのでしょう。庶民という時、市井の裏長屋に住む多くの人々です。庶民は古着を常用したようですが、本書では主に中・小店の女達の様子を描いた七四頁の絵で見ます。

◆中・小店の女達と衣服くらべ

○**糸車のある店**　左の妻女の着物は割模様《わりもよう》で、帯から下は六角形と花、上部は無地に線柄で前帯、つまり特注柄です。真ん中の娘？の衣は、中期特有の横縞で中振袖・あまり激しい労働はしない人です。右の下女になると、小さい柄の総柄で、黒襟をつけ（汚れ除け）年増のせいもありますが帯は前結び。この小柄は木版に簡単な模様の型染なので、染めるに手が掛からず、安価（後期の小紋とは別の型。小紋は極微細な柄で、高技術と日数が必要であり各段に違います）。

○**算盤中の店**　最初に、大きい店や中上の店は、江戸時代には妻や娘を店に出さないのが基本です。ですが例外もあり、船宿や料理屋、食べ物屋、水茶屋などでは女も店に出しました。この場面は店の奥の台所付近で、帳簿を付けている妻女と、娘と下女と思われます。帳簿を見ている妻女は横縞の着物で、短い袖《そで》、前帯。娘の着物の方が誂え物で高価です。上半身は無地で、中振袖の上まで付けた「腰高模様」。髪形は中期特有の後ろ髪を突き出して、頭上は嫁入り前の髪形・島田髷《まげ》を綺麗に結っています。右の女は、小柄の全身柄で、袖は動きやすいよう小さい袖です。小さな前帯と、前垂《まえだ》れ（前掛け）。

ちなみに中振袖は袂《たもと》が長いため水仕事の時は大変邪魔で、高価な着物は汚したくないし、たすきを掛けないと水仕事は無理です。でも中振袖にタスキは似合わないので、着ることができるのは商家の娘などになります。

○商家の台所に皆が集まっている図　左側には主人や手代などの店側の人達。右側には奉公女達と、台所働きの下男が一人、集まっています。さて右の老女と奉公娘は、やはり小さい柄の総模様で、老女は前帯。娘は〝貝《かい》の口《くち》〟という簡単な結び方で、髪はザッと結った島田髷。前の算盤中の娘の、流行の〝カモメ髱《たぼ》〟という後ろ髪の中に芯を入れて、流線形に作り上げた美しさと比べて見て下さい。庶民はここまで手はかけられないものでした。

糸を紡ぐ図　中店の妻女、娘?と奉公人(庶民)

算盤中の商家　娘、母、奉公人(庶民)。

上下の図「百人女郎品定」より

左、店側の主人達と右、台所奉公人達(庶民)。

「当世誰が身の上」より

四　後期　武家女小袖

寛政から慶応まで　一七八九〜一八六八年

㈠大奥と武家奥向き

江戸城将軍家の奥は「大奥」、大名家は「奥向き」といいます。大奥の階級には二十一階級ほどがあり、将軍の代により順位が異なることもありますが、大きくは三つに分かれます。①将軍にお目見《めみ》えできるお目見え以上の高級女中。②お目見え以上の中級女中。③お目見え以下の低級女中（お末などの水仕事）。

大奥は女でも地位に基づき〝衣装の生地、色、模様づけ、帯、髪形までが細かく規定〟されているため、地位は大変重要です。さらに大奥では〝季節〟による規定も加わります。

【御台所の衣装】

御台所が式日に結う髪形は〝おすべらかし〟で髪先に長かもじをつけます。正月三日の式日には白地の打掛《うちかけ》に乱菊の地模様の紗綾形《さやがた》に、金銀彩色の総縫《そうぬい》模様（総刺繡）。そして中の小袖《こそで》（着物）は、白地に大紋綸子《りんず》の金銀彩色の総縫模様などです。つまり打掛も中に着る着物も、白地の全身に金銀、色糸の総刺繍。そして裏地は打掛、小袖ともに紅絹《もみ》の朱色です。式日の髪形は江戸時代の結い髪と平安時代からの下げ髪を足した〝おすべらかし〟にしています。武家上層の式日にしかしない、特殊な髪形。

　式日には何枚も重ねてきて、儀礼と重厚感を出します。

式日　冬は打掛。その下に着る小袖（着物＝間着《あいぎ》）。間着の下に着る下襲《したがさね》用の着物。付帯《つけおび》。
＊下襲は礼服の時、着物の下に着る、着物に準じた着物で、下着や襦袢の上に重ね、打掛や着物の下となる。表着にはなれない略の仕立て。
式日　夏には大奥独特の「腰巻《こしまき》姿」（暑いので表着《うわぎ》を腰に巻く姿）となります。

　着物は単《ひとえ》の帷子《かたびら》（裏無しで、上質の麻の着物）。その下に着る下襲用の着物。提帯《さげおび》。

日常は毎日五度の御召替えであり、毎日衣装を替えて代わる代わる着用します。

　お朝召しは化粧室にて、緋縮緬か縞の絹物に被布《ひふ》（上着）。午前中の惣触《そうぶ》れ召しには正装の縫い入りの召物。　お昼召しは縞の召し物に被布。お夕召しとお寝召しがあります。

◆大奥季節の衣替え

冬衣……九月九日～三月末日までは綿入《わたい》れの染小《そめこ》袖《そで》と打掛《うちかけ》
夏衣……夏の四月一日～五月四日まで　初夏は裏付き袷《あわせ》の腰巻（表着《うわぎ》を腰に巻く姿）
　五月五日～八月末日　盛夏は単帷子《ひとえかたびら》（裏なしで麻の表着）の腰巻
　九月一日～九月九日まで　晩夏は裏付き袷の腰巻

御連中《ごれんちゅう》の衣装
御元服《げんぷく》後　元旦御服

御連中は御三家・御三卿の正妻をさす。
図は元旦用の晴れ着で、色は推定。

『南紀徳川史』より

大奥　元服後・御節句の
式日の服装　打掛姿

『南紀徳川史』より

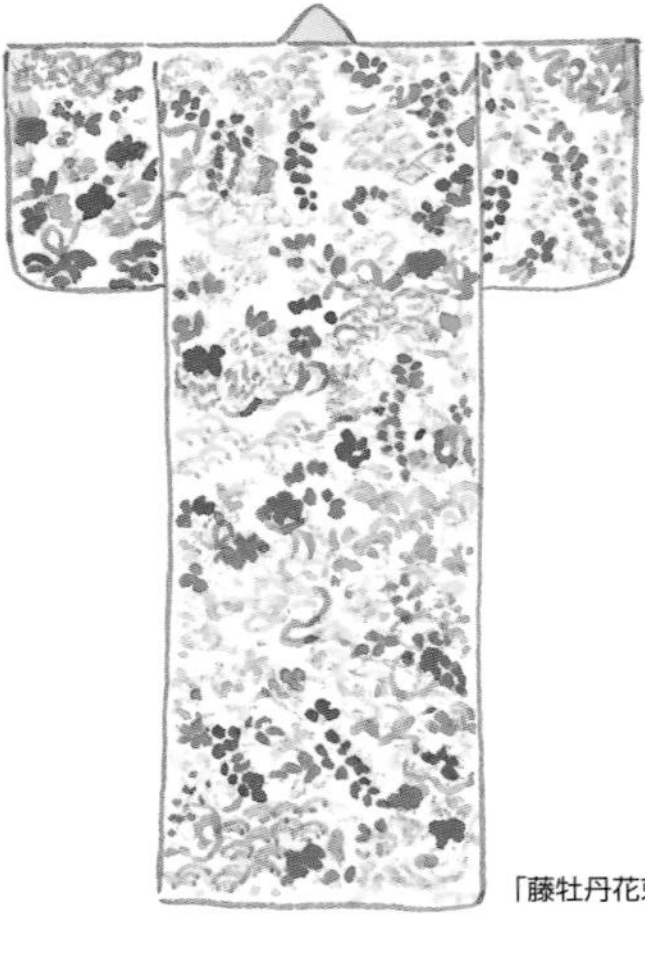

「藤牡丹花束瑞雲青海波模様帷子」

打掛姿

「池田寛子像」より

打掛姿

「宇和島伊達家九代　宗徳夫人佳子像」より

掛下帯《かけしたおび》（紫繻子地石畳菊牡丹模様）

掛下帯（紅ビロード地狗児草花模様）

打掛を大奥では「掻取《かいどり》」という。打掛（掻取）下に結ぶ帯を「掛帯《かけおび》」といい、幅は一般より細めであり、前で結ぶ。

打掛（掻取）下の帯結び

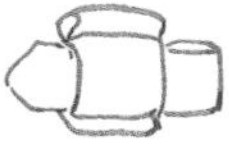

掛帯（前で結ぶ）

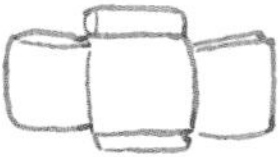

（打）掛下の帯（前で結ぶ）

図は『御殿女中』より

(二)夏の上層「腰巻」衣装と帯

【夏の「腰巻」衣装の各衣】

江戸時代の大奥高級奥女中の夏の装束は、「腰巻姿」という特殊なスタイルになります。着用している「茶屋辻《ちややつじ》」という着物の腰には別の着物を巻くスタイルで、この巻いた姿が正装です。着ている方の着物は「本辻《ほんつじ》や茶屋辻《ちややつじ》模様（二つ同様の柄）」の帷子《かたびら》（麻）で、全体に金銀彩色の総縫《そうぬい》模様をしたもの。着装は麻の総刺繡の着物の上に特殊な提帯《さげおび》をし、その左右に突き出た帯には、別の「腰巻用の小袖」を掛けて、前を合わせます。この腰巻小袖には、黒紅地に吉祥文様などが総縫いで入っていました。

「腰巻」は将軍家や御三家、大名夫人や大奥高級御殿女中の衣装です。

○**着ている方の小袖**（上質麻地で「本辻」「茶屋辻」という染の呼び名。二つは同様の模様）中臈《ちゆうろう》以上の上級者の着物は、白か黒地の上質麻地に、「本辻《ほんつじ》」という呼び名の、金銀彩色の総縫模様を着用します。お小姓やお側の中級女中は「茶屋辻《ちややつじ》」といって、白地の麻地に藍色や茶の染め模様を着用。お目見え以下の低級女中は「紋裾《もんすそ》」という紋付の裾模様の麻の着物になります。

＊夏衣装　本辻・茶屋辻……茶屋染めは染色技法の一つで、一般には白晒《さらし》に藍の濃淡で〝御所解文様《ごしょどきもんよう》〟といわれる山水画の模様を染めたものをさします。

○**腰巻用小袖の生地**

腰巻用の生地は練貫地《ねりぬきじ》の黒を本式として黒か茶地が多く、これに金銀彩色の総縫模様。

○**腰巻姿専用の提帯《さげおび》**（附帯《つけおび》ともいう）

夏の着衣の着物の上に締める帯で、夏期間だけの腰巻姿専用の帯です。金襴《きんらん》地で9・5cm幅、長さ約3mの細幅帯。後ろ結びでその余りが左右に突っ張り、突っ張った筒状の中には厚紙である板目紙を巻いて入れてあります。この帯先に腰巻用小袖の袖をかけて、その余りの身頃を腰に巻き付けました。夏場の上級者は打掛を用いずに「腰巻姿」です。

○**大奥帯結び　上級者の打掛下には「掛帯《かけおび》」**

大奥の上級者が着用する打掛の下の、着物に用いる細幅の帯を「掛帯」といい、少し細めの幅23cm程の帯を前で結びました。大奥独特で、真ん中の方形（四角）から四方に帯のたれを出す形であり、庶民の方には見られません。

○**大奥帯結び　奥女中の帯結び**

通常の着物姿の帯結びは「両がけ矢の字」、俗に「立て矢の字」という結び方です。帯幅は26cm程。上級者の生地は織物で、色は黒地、白地、萌黄（黄緑）地に、様々な織模様。お目見え以下の下級者の帯地は黒繻子《しゅす》のようですが、片面が別布のもあるようです。

[上級奥女中の夏の正装「腰巻」姿]

本辻や茶屋辻などの白地に藍の帷子《かたびら》（上質な麻)。左の人と右下は「腰巻用小袖」を脱いだ姿。

腰巻用小袖

黒や茶の地に宝尽しなどの細かな吉祥模様がほとんどで、後ろの提《さげ》帯《おび》に掛けて腰に巻く方の小袖。

腰巻姿

『南紀徳川史』より

御台所の提帯《さげおび》の図

『御殿女中』より

提帯《さげおび》

提帯は夏だけの腰巻姿専用の帯。背面の筒状の中に、厚紙を巻いて入れ突っ張らせる。

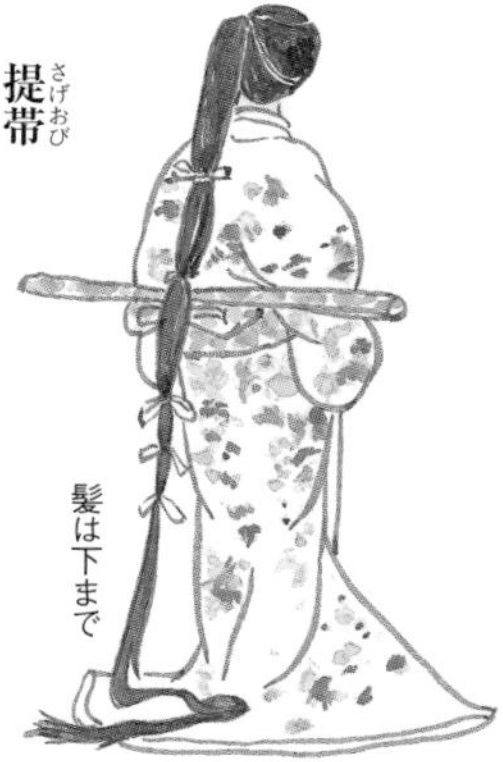

提帯の結び方

『御殿女中』より

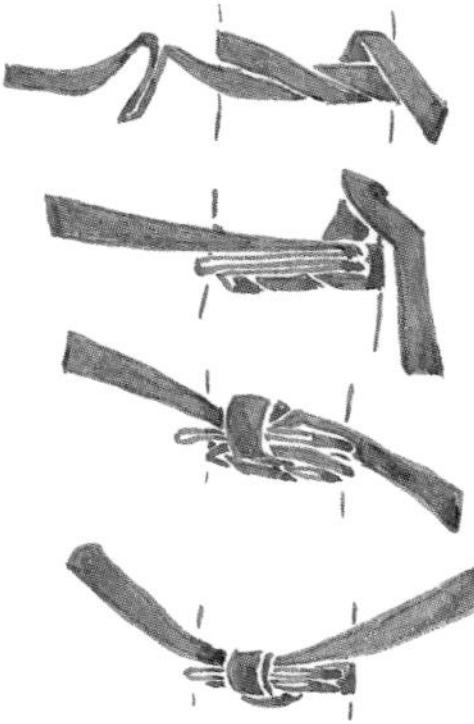

夏用、腰巻用の小袖

腰巻用は黒か茶地が多く、後ろの提帯に掛ける方の小袖。

「宝尽模様腰巻」総柄。

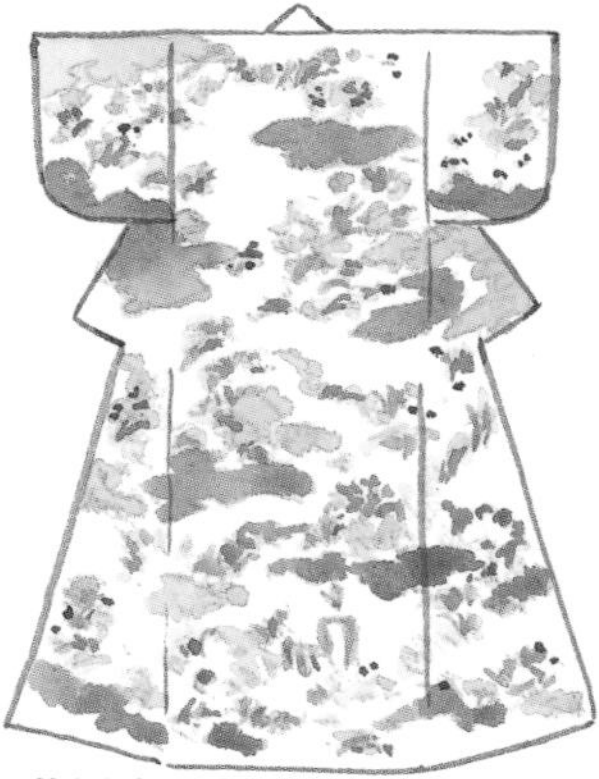

茶屋染

夏衣装である茶屋染は、白麻地に藍の濃淡のすっきりとした色合いがほとんどで、着用する方の小袖。これに提帯を結び、左の腰巻用小袖を後ろに掛けて巻くと右の腰巻姿に。

㊂大奥　式日の服と常着

◆生地や模様の格

・大奥の着物生地の格は最上級が織《おり》で、次が縫《ぬい》（刺繍など）、その次が染めです。

・素材は上位が綸子《りんず》、次が縮緬《ちりめん》。　・模様付けは上級から総縫《そうぬい》模様→半縫《ぬい》模様→裾《すそ》模様→この下に染め模様。　模様が少なくなるにつれて格も低くなります。

○服制と着こなし　上級者　中臈《ちゆうろう》以上の打掛

中臈《ちゆうろう》の打掛は白か黒か赤の綸子《りんず》地に、金糸や色糸で草花や立涌《たてわく》、紗綾形《さやがた》などの模様を総刺繍するのが一般的です。打掛下の着物には細幅の〝掛下帯《かけしたおび》〟を締め、色は白、萌黄《もえぎ》、紫、などで艶のある繻子地に刺繍が入ります。上級者の冬は打掛姿。夏は「腰巻」姿です。

打掛には小筥《こばこ》である〝筥迫《はこせこ》〟を懐中し、これには懐紙、紅、薬、楊枝入れ、鏡などを入れました。他に女子の煙草入れもあります。

○服制と着こなし　中級の中臈《ちゆうろう》以下や御次《おつぎ》の式服

打掛、着物ともに縮緬《ちりめん》となり、模様は腰までの半縫《はんぬい》模様となる点に相違があります。

○服制と着こなし　下級者の式服

打掛は着れず〝紋付の裾模様《すそもよう》〟や〝紋付の紬《つむぎ》無地〟などの帯付け姿。帯は琥珀《こはく》（生地名）や縮緬の昼夜帯（表裏が別布）を締め、帯結びは〝矢の字結び〟が定形です。
＊これら式日の他に上級者から下級者まで「略式服と常着《つねぎ》」があり、それぞれ階級と季節により規定があります。

【式日、打掛の下に着る着物（間着《あいぎ》）】


中臈以上……綸子。赤地、白地、黄地。赤が主で金糸縫取り模様。

それ以下……縮緬の着物で赤地、白地、黄地。同様の金糸縫取り模様。

御次（中級）女中以下……緋縮緬に金糸の五つ紋付着物。白縮緬には銀糸の五つ紋付着物。

それ以下の最下級……「綿入《わた》れの紋裾《もんすそ》」といい、裾模様の三つ紋付の着物。
○日常の常着《つねぎ》　上級者の御中臈
普段の着物は紋縮緬《もんちりめん》（絹）、山蚕縮緬（シボのある素朴な絹）
○低級者の常着
常着には紬《つむぎ》（くず繭の絹で軽くて丈夫。低価）、鳶八丈《とびはちじょう》（八丈島で産した紬の茶地の縞）。
○最下級者のお末の常着
お末は掃除、風呂、膳用の水汲みや雑用で、大部屋で皆と生活します。お末の〝晴服〟は白地に紺と紫の縞《しま》に絣《かすり》を交えた縞縮緬《しまちりめん》他。お末の常着は〝木綿縮《ちぢみ》〟〝木綿縞物《しまもの》〟です。

髪はおすべらかし

『南紀徳川史』より

前

後

[上中臈の正装]

上級職である上中臈（側室候補）の正装。中臈の打掛は白か赤か黒地で、全身に総縫模様。

[上臈の夏の正装]

上級者の夏の正装である「腰巻姿」。

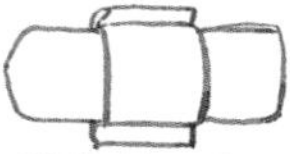

掛帯（冬用）

[上中臈の常服]

これは将軍つき御中臈の「帯つき姿」。

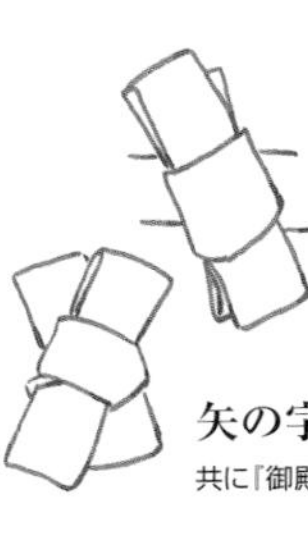

矢の字

共に『御殿女中』より

【奥女中の打掛姿】

上級者の打掛（搔取り）姿。

【御小姓の服装】

御小姓は中﨟（側室候補）の前身であり、打掛も振袖だった。

[御目見え以下]

下級でも礼装や四季、毎月の衣服の規定がある。

『南紀徳川史』より

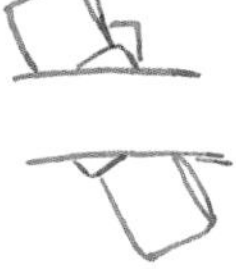

女小姓の結び方

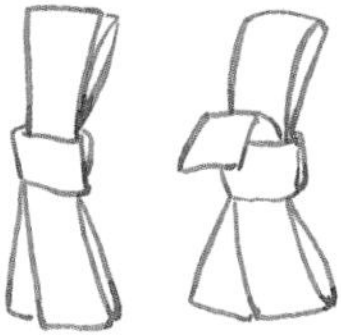

両かけ矢の字（立て矢の字）

帯は『御殿女中』より

㊃御殿女中の各衣

◆御紋附《ごもんつき》と紋附

大奥の紋付には「御紋附」と「紋附」がありました。お目見え以上の最上級者は将軍家からの拝領物である「御紋附（葵の紋）」を着ます。お目見え以上の者でも拝領しないうちは〝無紋〟にします。上級者は自分の紋を着ないのが通例であり、「御紋附・葵の紋」ならば、小袖は縫（刺繡）の総模様が決まり。一方下級者の「紋附」は自分の紋が付いた着物を着ました。

◆天璋院のお被布《ひふ》

被布は町方の上層でも着用しましたが、大奥では御台所《みだいどころ》が〝お楽召し《らくめ》〟として着用した上着。表だった召物ではありません。幕末の十三代将軍の御台所（天璋院）の日常は、朝から〝夕方召し〟までの多くを、縞縮緬などの着物に「被布」を羽織って過ごしたようです。被布は絹地で腰丈の上品な上着で、広い襟を折り返して着用。襟元には房が付きます。

袷《あわせ》（裏付き）や綿入《わたい》れがあり、夏には用いません。

◆奥女中の襦袢《じゆばん》

下襲《したがさね》……下襲は着物の下、襦袢の上に着る準着物。必ず白絹。一枚か二枚かは時に応じます。

襦袢・下着……下着は必ず白平絹《へいけん》（羽二重・加賀絹の類）です。奥女中の襦袢は必ず上半身のみであり、長襦袢は用いません。襟は必ず平絹の白です。

湯具（湯文字、腰まき）……上級者は白絹。最下級のお末は白毛綿（ウールと綿の交織）、白晒《さらし》布などです。湯具の丈は膝《ひざ》より短い丈であり、長く見えるのを非礼としました。武家の女子の腰まきの色は白です。
◆草履《ぞうり》
御台所は五枚草履……御台所がお庭へ降りる時に履く草履は、台が五枚重ねになっています。畳表《たたみおもて》の周囲は萌黄ビロードで包まれ、五本の細い鼻緒がつき、鼻緒の生地は赤白のビロード。
廊下《ろうか》草履《ぞうり》と上《うわ》草履……大奥は「御台所の御殿」と、奥女中が住む「長局《ながつぼね》」に分かれています。上級奥女中達は長局では〃廊下草履〃をはいて出仕廊下を通り、畳敷きの奥御殿の廊下で〃上草履〃に履き替えました。廊下が畳敷き用の上草履は、畳表の台が三枚重ねで、履く部分はビロードで包まれ、鼻緒は二本、三本、五本があります。
福草履……奥女中が長局の廊下で履くのは、畳表《たたみおもて》に撚《よ》り鼻緒のついた福草履を用いました。
水汲み下駄……下級者のお末が履く水汲み下駄は、普通の下駄ではなく、薩摩下駄の低いものでした。

葵の紋

御台所と提帯《さげおび》
将軍夫人の夏姿

最上級者の髪形
片はずし

御殿女中の
装い

左側から見る図

右側から見る図

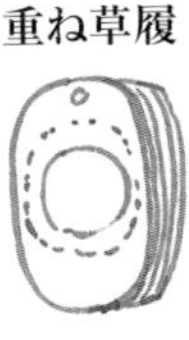

奥女中の
重ね草履

大奥の七月の年中行事
七夕祭りの準備をしている
ところ。
『風俗画報』より

奥女中

打掛を着られる最上級層。打掛を外出のため抱え帯で上げている。
三代歌川豊国『江戸名所百人美女』三縁山増上寺より

中臈などの帯付姿。帯は矢の字結びで模様は腰高模様。
三代歌川豊国『江戸名所百人美女』東本願寺より

㊄武家女子の成長儀礼と眉

◆武家は新妻でも娘姿、その意味

江戸時代は現代とは異なり、娘から結婚して婦人となるにつれ、「顔と髪形」を三度ほど変化させてゆきます。女性の年齢と立場による変化を、皆に見た目で表明してしまうもので、「通過儀礼《つうかぎれい》」と言います。ここでは武家の女性をみます。武家の女性は十二歳から十五歳頃の間に元服《げんぷく》します。大名などの武家の少女の場合には高島田に縞縮緬《しまちりめん》の着物。元服式をした後には髪形は〝吹輪《ふきわ》〟となり、縮緬の着物で袖は振袖でも留袖《とめそで》でも可能です。「結婚」をすると、武家の新妻の髪形は吹輪のまま振袖、式日には打掛。

また武家の新妻はお歯黒をせず白歯でもよく、これを「半元服」といい妊娠するまでの姿です。ですから妊娠して子を授かるまでは、上層武家の間では〝娘の姿〟を通しても大丈夫でした。町方の女性は結婚が決まればお歯黒、留袖なので、そこが異なります。

大名家では殿の急死に際して跡継ぎの息子がないと、御家断絶でした。町方のように結婚と同時にお歯黒と短い留袖《とめそで》だと、かなり老け顔になります。娘の魅力がなくなるため、上層武家では新妻でも娘姿だったと思われます。後には殿の生前に養子を迎えることが認められました。ちなみに上層武家は結婚式当日が初対面です。

武家女性が子を持った後の姿は、髪は〝片外《かたはず》し〟や〝勝山髷《かつやままげ》〟（後ろ頁、武家の髪形参照）という武家のみが結う髪形となり、振袖から短い袖の〝留袖〟となり、歯は結婚の印である〝お歯黒〟となり、眉なしです。

◆奥女中の眉

武家と町人女子の化粧において大きく異なる点に「眉作り」があります。町人の娘は人妻となり子を持てた時点で、婦人は〝眉そり〟をしました。町人の婦人達は皆〝眉がない〟ので、眉づくりはしません。これに対して武家や公家の身分ある女性達にとって「眉化粧」は身分の象徴でもあったせいか、大変人工的な眉となっています。

三田村鳶魚の『御殿女中』によれば、大奥の上級奥女中は眉を剃り眉跡に白粉《おしろい》をした上で、「練《ね》り墨《ずみ》で■コハゼ形の真っ黒な眉」を入れました。やはり上級奥女中の御中臈《おちゅうろう》（側室候補）は、正装・式日の時には、「置き眉」をします。眉を落とした後の置き眉は、白キワ（生白粉《きおしろい》）は眉の上へ眉の形に曲線で描き、その下の極《きわ》へ真っ黒のコハゼ型か、丸い眉が入りました（二筆式という）。これらは長かもじをつけ、着物も正装、式日の眉作りのようです。

現代の私たちから見ると変わっているということになりますが、上層武家女性の貴人の象徴なのでしょう。

[新婚、懐妊までの姿]

新婚の姿・略式の元服

[大名姫君の式日の衣装]左右

全身に総縫模様の打掛。その下には地色が赤の小袖。半元服の元旦の服装

吹《ふき》輪《わ》髷《まげ》

[大名姫君のふだん着]

高島田髷

元服前ふだん着

大名の姫君　縞の着物に帯は矢の字結び。眉あり。

吹輪髷

大名の息女

帯は矢の字

裾模様

大名の息女などが結う吹輪髷は、頭上の輪の中に小さい鼓を入れ、髪飾りは華やかに。

＊『南紀徳川史』は墨版ですが、儀礼服のため色の規定が詳細と推定。正確さをきすため白黒にしました。

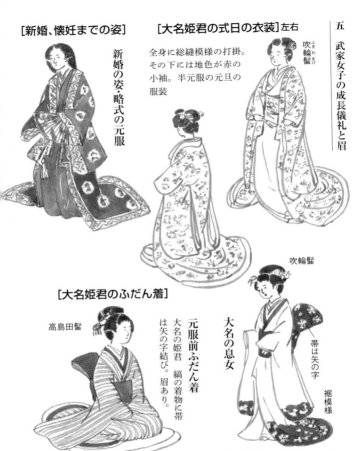

[元服] 成人式、あるいは結婚して歯を染め髪形など変える

[結婚から懐妊まで]

女子の元服

女子の元服には髪上《かみあ》げ、裳着《もぎ》、びんそぎなどの儀式がある。

元服の式日の衣装

髪はおすべらかしで華やかな打掛。

半元服の時の服装

半元服とは結婚して子を持つまでの姿。

[元服後の平日の服装]

平日の武家の妻。午後のふだん着で、縞柄に帯は矢の字。

[奥女中の眉]

二筆式　　鍋蔓式

Wカーブは白粉で引き、コハゼ形か丸の黒い部分がつくり眉となる。

『御殿女中』より

顔の他はすべて『南紀徳川史』より

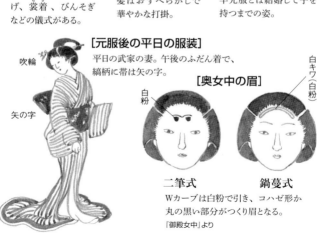

㈥大奥　武家の髪形

江戸初期〜後期

◆江戸初期

江戸初期の女子の髪形は、武家も町人も皆、平安時代から続く「下げ髪」で、肩の後ろを一か所留めただけです。絵画に見る初期後半の武家婦人と娘の髪形は、下がっている髪をいったん頭上に持ち上げて結び、垂らした下げ髪。ポニーテールの長いものでした。

◆江戸中期

中期には各階層で様々な結い髪が試みられます。大名や武家の奥方に結われた「元禄勝《かつ》山髷《やままげ》」は、後ろ髪の髱《たぼ》を長く突き出し、頭上にはゆるいカーブを描く優艶な形です。**片外し《かたはず》**……また中期頃に大奥独特の「片外し」ができてきます。これは将軍や御台所から呼び出しがかかる高級奥女中の髪形です。古くは勤めの時には下げ髪のおすべらかしにしていました。彼女達が長局という住まいに下がっている時に、邪魔な髪を笄《こうがい》に巻き付けていた仮の髪形が片外し。

◆江戸後期

すでに全員が結い髪という時代。おすべらかしになるのは、御台所や高級奥女中の重要な式日（儀式）の時だけです。ですから御台所は通常が「片外し」になりました。後期には大奥の上層、諸藩の上層奥方達は「片外し」や「勝山髷」。そして中級や下級武家婦人は「丸髷」のようです。

◆大奥独自の椎茸髱《しいたけたぼ》

御殿女中といえば「椎茸髱」といわれる程、奥女中独特のもので、町人女性は決して結わない髪形です。椎茸髱というのは上下に関わりなく、奥女中に見られるものであり、これは後ろ髪の下の部分を指します。この下部が椎茸の笠が割れたように見えるので、この名があります。

江戸後期大奥の髪形は、まず最初に後ろ髪下部の「椎茸髱」で〝奥女中〟だというのがわかります。次にその頭上の髪形（髷《まげ》）は、階級により様々に決まっているので、階級がわかりました。

◆大奥の階級別髪形

『御殿女中』の階級別の図によると、大奥の最上級は「片外し」。武家出身である上級者・お中臈など二十歳前の娘は「高島田」。上級者は「もみじあげ」。十三歳頃の少女が結う「稚児髷《ちごまげ》」があります。次に下級ではお末の髪形で「しの字髷《まげ》」。それ以下の下級の人（水仕事）は「チョンぼりづと」です。

これらの名称は頭上の上のマゲ部分であり、髷《まげ》の名称です。後ろ髪の下部分のタボは、上位者から下位者まで全員が「椎茸髱《しいたけたぼ》」です。通常はマゲ部分のみを言います。

[将軍家・公家]

公家・武家、儀式の髪形

おすべらかし

つぶいち(葵たぼ島田)

公家、宮廷の島田

女官見習い

銀かんざし

吹輪

お姫様の髪形

おまた返し

公家の22、23歳位までの

若い奥方

後ろ

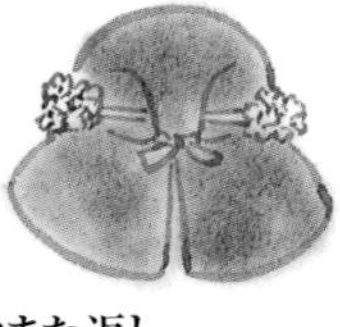

おまた返し

将軍家夫人の妊娠までの髪形

『御殿女中』『日本の髪型』『装いの文化史』より

[大奥・武家の髪型(江戸後期)]

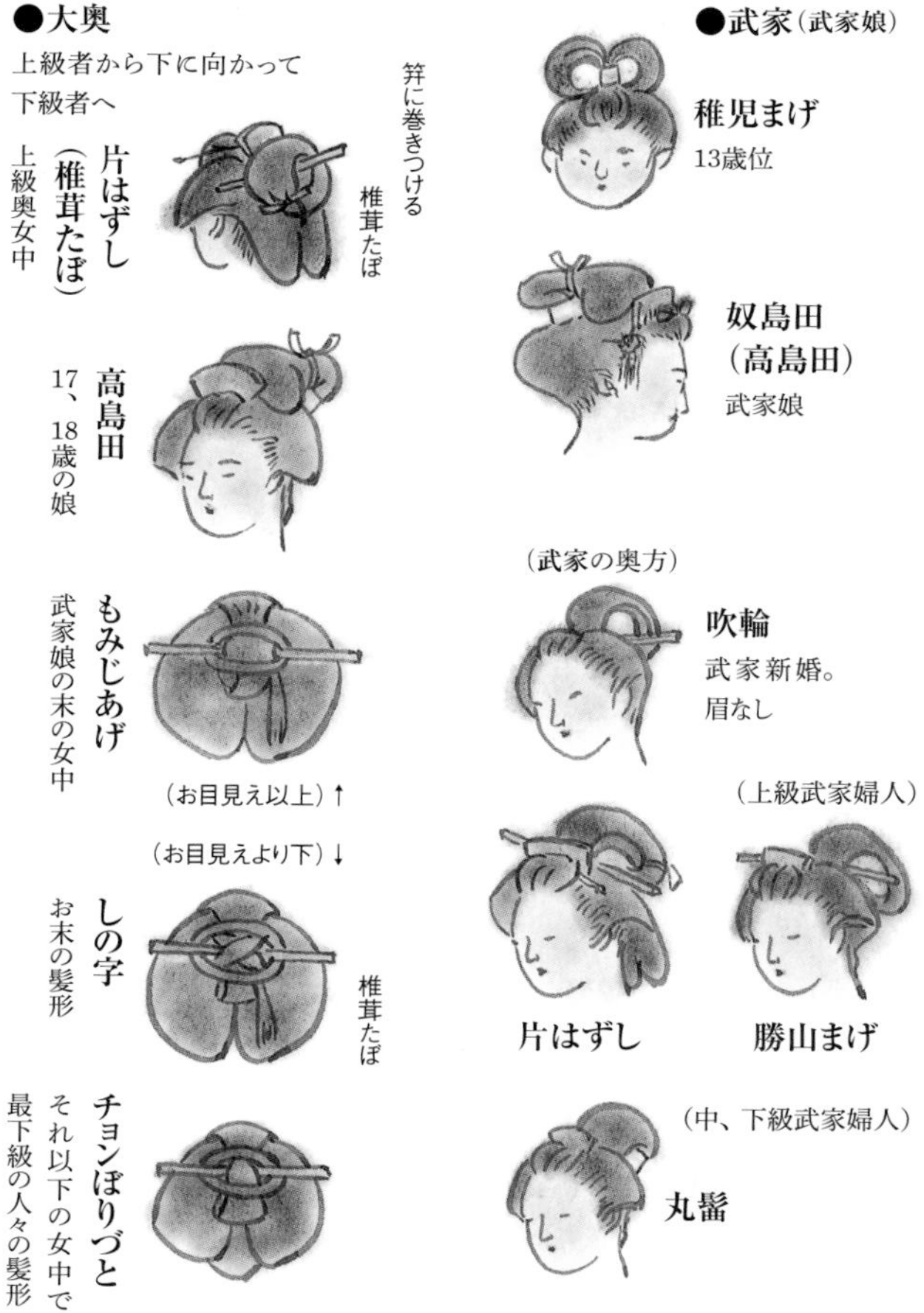
●大奥
上級者から下に向かって
下級者へ
片はずし（椎茸たぼ）
上級奥女中
笄に巻きつける
椎茸たぼ
高島田
17、18歳の娘
もみじあげ
武家娘の末の女中
（お目見え以上）↑
（お目見えより下）↓
しの字
お末の髪形
椎茸たぼ
チョンぼりづと
それ以下の女中で
最下級の人々の髪形
●武家（武家娘）
稚児まげ
13歳位
奴島田
（高島田）
武家娘
（武家の奥方）
吹輪
武家新婚。
眉なし
（上級武家婦人）
片はずし
勝山まげ
（中、下級武家婦人）
丸髷

五　後期　町方女の着物

寛政から慶応まで一七八九〜一八六八年

㈠後期　町方女の礼装

一〇二頁の『守貞謾稿』による冠婚列席者の衣装は、商家の中上層である富裕層のをさします。現代と江戸期の結婚式や仕組みは大変異なります。「結婚」は商家では店や家、屋敷、財産を受け継ぐ長男・跡継ぎの結婚の事。その儀式に列席する同層の人々の衣装です（ちなみに次男以下は冷や飯食いの立場で、結婚式はなくても普通）。当時は現代と異なり、貸式場や貸衣装などはなく、すべて料理も含めて自前の特別誂えとなります。家督を継ぐ長男の披露宴だから、盛大で莫大な費用をかけます。

◆上層（富裕層）婦人の礼装　秋冬

「黒無地、紋付の着物」がもっぱらで、着装は絹の黒縮緬地・表着の下には、白絹の下襲《したがさね》用の着物（準着物）を一、二枚重ね着します。その下に襦袢《じゅばん》で、襟は白綸子《りんず》。その下に肌着。帯は絹の緞子《どんす》などで前結び。髪は既婚者の「丸髷」、履物は「雪駄《せった》・畳表《たたみおもて》の草履《ぞうり》裏に皮張《かわばり》」。こうして二つ襟、三つ襟とすることで儀式の威容を整え、華燭性が出てきます。

＊下襲……礼装には必ず下襲を一枚か二枚重ね着します。着物に準じ、着物と同形の白絹の着物で（下着と呼び書物にも下着と表記されるが、襦袢《すそよう》や肌着ではない）、略の仕立て。上層の新婦（十七～二十三歳頃）の礼装……「黒地に裾模様《すそもよう》の紋付」。娘時代と同じ装い。上層の娘（十六歳まで）の礼装……「黒地に裾模様の紋付」帯は織りの緞子で矢の字結び。髪は娘用の「島田髷」。かんざしは礼晴用には鼈甲《べっこう》を用い、片方には無花の櫛《くし》、簪《かんざし》一つずつで、他方には花の簪。小形銀の簪で計四つ。

◆**上層の婦人礼服　夏**

○初夏、初秋の礼服は、「薄地（絽《ろ》）無地の紋付の着物」

○盛夏は「上質麻地の無地、紋付の着物」…生地は奈良晒《さらし》、越後縮《ちぢみ》などで、色は浅葱《あさぎ》（水色）や水浅葱《みずあさぎ》（うすい青緑）

○夏の上層の娘の礼服は「右と同様の生地で紋付の裾模様」

◆**町方女の礼装まとめ**

町方の礼装は既婚婦人の「黒無地、紋付の着物」が基本となります。そして嫁入り前の娘と新婦（二十歳頃）は、黒無地では地味すぎるので「黒紋付の裾模様」になります。また礼装の時には儀式性と重厚感を出すために、下襲の着物を重ねて三つ襟とし、履物は高級な草履の「雪駄」でした。

一　町方女の礼装

江戸中流以上の婦人　礼服の装い

黒縮緬で紋付の無地
帯は緞子《どんす》などで前帯に結ぶ

礼服の履物は雪駄《せった》

京坂婦人礼晴の装い

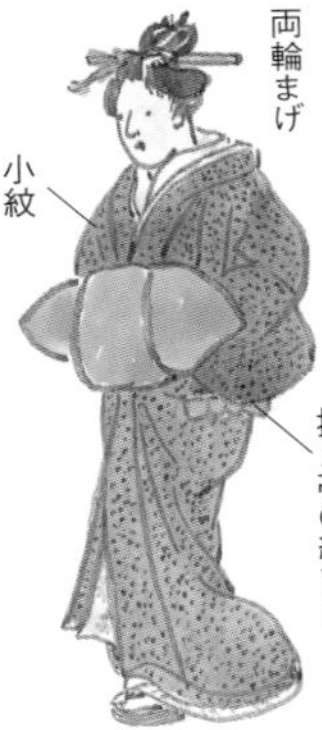
抱え帯の結び目
帯色、実際ははなだ(青)色

後期
三都の婦人
礼用裾模様の図

『守貞謾稿』より

礼装

若妻の礼装姿　裾模様

武家若君の五歳 袴《はかま》着の行事

鳥居清長「風俗東之錦」より

江戸大店の娘と新婦　礼晴の装い

黒縮緬《ちりめん》で紋付の裾《すそ》模様

京坂中流の娘　礼晴の装い

江戸、箱入り娘ふだん着

夏の装いで表着は白のかすりで、内着の紅色が透けてほのかに見える。

『江戸風俗図巻』より

江戸京坂とも大店の娘のふだん着

縞の着物に振袖姿で黒襟《えり》。一般の娘はふだん着に振袖は着ない。帯は昼夜帯。

（図は下右の二つを除きすべて『守貞謾稿』より）

㈡後期　町方女の着物　全体

中期末の安永、天明期には相次ぐ天災に見舞われ大飢饉となり、幕府は寛政・天保の改革で財政再建策をとりますが、頓挫します。改革は贅沢に傾いた風潮を取り締まるものでもあったので、衣服には厳しい奢侈《しゃし》禁止令が出されました。服飾面では上方主導から寛政の改革を機に、江戸独自の「粋」な着物文化を創りあげます。最も江戸らしさが現れるのは文化・文政期（一八〇四～三〇）です。

【後期　町方女の着物】

中期には上方文化の主導により、華やかで優美な衣装美が展開しましたが、改革の影響により中期後半からは模様づけを少なくして「裾模様」にしたり、地味である「縞柄」が台頭。そして後期には質素を美化へと転じて「粋の美学」を創ったのが文化・文政期です。

◆衣装の特色

一つは地味に見える柄として「縞」や「小紋」に代表される、目立たない渋さの中に美を見出した、これまでとは異なる新しい意識です。特に縞は外出着や日常着には欠かせないものでした。二つ目は地味な模様に見せる方法です。模様の位置が低い「裾模様」や、同様の「島原褄《つま》」「江戸褄《つま》」があります。また裾の裏部分に模様があり表は無地の「裏模様」など、いずれもおとなしい柄です。

◆着物の形

中期後半からは着物の幅と袖幅が一対一となり現代と同じです。細っそりと長く裾を引き、武家女性から長屋の庶民まで裾を引いて暮らしていました。袂《たもと》の丸みの江戸好みは、極小な角丸でした。

【江戸後期の帯】

文化頃の帯の幅は30〜40㎝、帯の長さは4m位と現代とほぼ同じです。着物の方は色、柄ともに地味なせいか、帯が広幅になり〝帯結び〟が様々に考案されたことは、後期の特色でもあります。

◆町方女の全身スタイリング

当時は三枚位は重ね着をしているのが普通で、実はここにお洒落のポイントがあります。単に無地や縞を着ただけでは粋になりません。襦袢には無地、内着二枚には小紋と別柄の小紋、表着には縞……というように、色や柄の重なりが素敵なので粋になります。地味な着物には多種類の帯結びで大きな変化を持たせます。また髪形は横のビンが丸く張り出して派手な灯籠鬢《とうろうびん》となっています。

後期を代表する三人［無地と縞《しま》］

左の娘の髪形は後期の特徴で横に広がる「灯籠鬢《とうろうびん》)」。着物は「紋付無地」で帯は「一つ結び」。中のおかみは粋な「縞柄」の着物に「黒の半襟」を掛け、帯は「高雄結び」。

右の娘は無地の着物に「縞」の帯で「前垂《まえだれ》」姿。　鳥居清長「当世遊里美人合」より

後期を代表する[小紋《こもん》と裾《すそ》模様]

左は細かな紗綾《さや》柄の小紋を裏模様にも用い、帯は前で「文庫結び」。

鳥居清長「風俗東之錦」より

左の人は小紋、右の娘は裾模様

[裏模様]

一見無地の着物に見えるが、これは裾のフキから裏へと続く「裏模様」。お洒落な人が締める「更紗帯」を「文庫結び」。

鳥居清長「浮世七小町」）より

花の伊達《だて》紋《もん》つき。

㊂後期　町方女の着物　形・生地・色・模様

◆着物の形

身丈・身幅・袖幅……現代とほぼ同じ。

袖のたもとの形……角丸、銭の丸み。

◆女物の生地

外出着……縞縮緬《しまちりめん》（縞柄の絹地）、縞紬《しまつむぎ》（素朴な絹）、青梅縞《おうめじま》（絹、木綿交織）、銘仙《めいせん》

日常着……縞木綿、結城縞《ゆうきじま》（結城産の木綿）

夏生地　上層の外出着……上質麻地、奈良晒《さらし》、越後縮《ちぢみ》、絣《かすり》（越後絣、薩摩絣）

◆町方女の色

後期には「いき」を代表するようなシックで落ち着いた渋みのある色合いが好まれました。色は黒、御納戸《おなんど》（くすみ青）、藍、灰色、花田（青）、紺茶、浅葱《あさぎ》（水色）などが多い。後期には最も江戸らしい「江戸文化」を創り上げますが、この独自性をよく現しているのが「色」です。江戸の色味は、茶系統、鼠《ねずみ》系統、紺系統に代表され、「四十八茶、百鼠」といわれる、ソフィスティケートされた絶妙な色合いが江戸の色。

茶……白茶《しらちゃ》、鳥の子色、砥《と》の粉《こ》色、香色《こういろ》、土器《かわらけ》茶、蟬《せみ》の羽色、朽葉《くちば》色、媚《こび》茶、鳶《とび》色、落栗《おちぐり》

色

鼠……白土《はくど》、胡粉《ごふん》、雲母《きら》、柳鼠《やなぎねず》、消炭色《けしずみ》、利休鼠、深川鼠、空五倍子色《うつぶし》、紅下黒《べにしたぐろ》

青……甕覗《かめのぞき》、水浅葱《みずあさぎ》、縹色《はなだ》、露草色《つゆくさ》、熨斗目花色《のしめはな》、御納戸色《おなんど》、青黛《せいたい》（青い眉《まゆ》の剃《そ》り跡）

日本人がどんなに自然を大切に思い、そのニュアンスを感じとっていたことか。いずれも微妙な差を見分ける感覚を持ち合わせ、色名ということは、多くの人々がこの名称で色の差が識別できたようです。日本人の誇りだと思います。

◆**女の模様**

裾模様《すそもよう》……模様の位置を低くして、裾廻りにのみ模様付け。礼服の「紋付裾模様」にも。

褄《つま》模様（江戸褄）……裾模様の一種で、前端上から裾にかけて斜めに模様を置いたもの。

裏模様……着物の表は無地なのに、裏の裾廻りに微細な模様を付けた。目立たないだけにかえって粋の極致とされた。

◆**粋を象徴する柄**……縞、格子、小紋

江戸期の「小紋」は、初期から後期にかけては特に男子の裃《かみしも》や小袖、羽織、下襲《したがさね》用の着物などに用いられました。後期には女の着物にも「小紋」が上格として用いられています。

江戸の格付けは　一、無地染めの紋付。　二、小紋の紋付。

[江戸初期から後期　女着物の形の推移]

江戸後期　江戸中期　江戸初期

[江戸後期　女の模様]

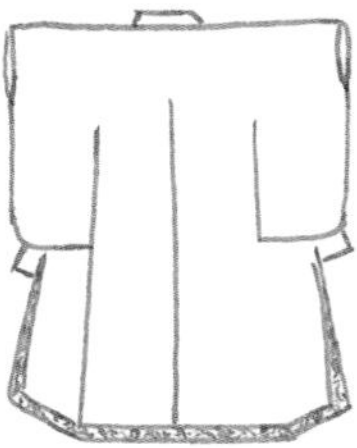

裏模様

左右とも『雛形千歳草』より

江戸褄《つま》

江戸褄

「納戸紋縮緬地唐松模様振袖」19世紀

島原つま

「黒綸子地遠州模様小袖」18世紀

後期を代表する三人［裾模様・縞《しま》・無地］

鳥居清長「五節遊」より

㈣後期の多彩な女帯　寛政から慶応まで　一七八九〜一八六八年

後期に入ると寛政の改革が転機となり、着物は縞や小紋、裾模様などの地味で小柄な模様に変わったために、帯は派手なものと地味な色とが混在したようです。

◆帯の幅と長さ・帯結び

文化頃の幅……娘、30〜40cm幅。年配、34cm位の幅。文化文政〜幕末の長さ…4m位。
＊現代……幅30cm、長さ4m位。

○帯の生地
一般に……昼夜帯《ちゅうやおび》の黒繻子《しゅす》、博多帯、縮緬《ちりめん》、厚板《あついた》（多色の模様織物で硬い帯地）。
珍しもの好きに……更紗《さらさ》、ビロード、呉呂服連《ごろふくれん》（毛織物帯地）。　礼装……緞子《どんす》。

○帯の色と模様
帯の色……茶、青、灰色、紅、鳶《とび》（灰茶）、白、藤色、紫ほか多様に。
帯の模様……草花、抽象柄、他多様に。

後期の帯は〝武家女〟と〝町方女〟に分かれますが、ここでは町方女子をみます（武家は武家女に記す）。後期の帯の特色としては、一つは中期の黒繻子の「昼夜帯」が引き続き花形として娘、婦人ともに流行したこと。また外来生地の国産品（安価版）も多用されました。

◆帯結びの種類

文化刊の『都風俗化粧伝』の〝帯結びの形・二十一種類〟による様々な結び方は、吉弥結び、文庫結び、文庫くずし、小まん結び（女の名前）、おたか結び、引き結び、立て結び、一つ結び、はさみ結び、さげ結び、だらりむすび、路考結び、よしお結び、引きしめ、他。

若い町娘や婦人に大流行しているのは、「昼夜帯を用いた路考結び」。「間夫《まおとこ》結び」とも呼ばれ、黒繻子という滑りやすい生地を用い、ちょっと棚に触れただけでも帯がほどけやすい（現代では「角出《つのだ》し」と呼ばれる）。〝粋筋用〟には芸者の「柳結び」やアダな女の「ひっかけ」がありますが、堅気の人は結ばない。幕末に「太鼓結び」を深川芸者が考案する際に〝帯締め・帯留め〟も同時に考案されました。

◆帯結びの多様化

後期は人々の個性があふれ〝多様化の時代〟ともいえます。考案した女の個人名が帯結び名となったのも多いです。年齢別や身分別に編み出されたことが数の多さとなりました。分類すれば五タイプほどに分けられます。①武家風の結びは奥女中の「矢の字」②品のある「文庫型」③立て結び…派手であり少女や十代の娘用。④だらり結び…長い帯が動的に揺れて娘用。⑤路考結び…二十代以降にはこの型が多く、太鼓の両端から帯端を出すタイプ。

[帯の結び方]　『都風俗化粧伝』より

よしお結び

たれ下
小龍結び

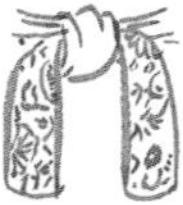
さげ下結び

たれ
千鳥結び

引き結び

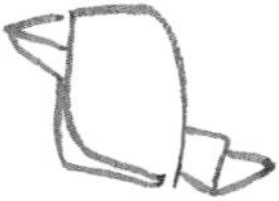
ひきあげ結び

引しめ

はさみ結び

しんこ結び

小まん結び

吉弥結び

一つ結び

ビロードの昼夜帯
鳥居清長「美南見十二候」より

鳥居清長「当世遊里美人合」より

だらり結び

島原結び

文庫結び

おたか結び

立て結び

高雄結び

おいそ結び

文庫くずし

昼《ちゆ》夜《や》帯(鯨《くじら》帯)

三代歌川豊国「恩愛撫子合　はこ紅なでしこ」より

㊄中上層の女達　着こなし

中上層といった場合には、江戸の町々の表通りの両側に並ぶ表店《おもてだな》（表通りの店）に店を持つ主人の家族の層となります。町人で裕福なのは商家であり、職人や物売りはここには住めないので、奥に入った裏長屋住まいとなり、別階層でした。その商家の人達の着物選びは、大丸などの呉服店の手代が大きな荷物を供に担がせて上得意先を回って来るところから始まります。店奥となる家族棟座敷とか勝手口に上がってもらい、反物を広げると、主人一家の女達が集うことに。しかし後期には度々禁令が出されて、江戸の人々は粋好みの気質も加わって、ふだん着はいたって地味なようです。一一九頁の図の商家の人々は小さな柄の総柄を着ていて、見ている反物も縞物が多いです。浮世絵での商家娘の外出着には、裾模様も見られます。ただし商家の富裕層は柄は小柄や縞であっても、上質な生地、シックな無地の色を別注で染めさせることができるので、絵では違いがわかりません。

ちなみに輸入物の木綿の縞である「唐桟《とうざん》」は、微細な縦縞なので織りも緻密であり、木綿なのに一反が二両から五十七両もしました（下女の年俸は一両二分が相場）。木綿なのでそんなに高価には見えない所、実は高いという、そこに町人の意地がありました。

○上層婦人の外出姿

裾模様の着物などを誂えて、中着には一、二枚の小紋や無地などの着物を着て配色でお洒落感を出しつつ、楚々として外出してゆく婦人達。寺社への参詣などが多いようです。

○大振袖姿の娘たち

富裕層の娘たちのトレードマークといえば大振袖です。これは家事をしないことのあかしです。大きな商家には女の奉公人も多く、上使いの女中、中働きの女中、水仕事など台所働きの下女と三通りの女中達がいましたので、商家の娘は家事はやりません。だから大振袖を着用できました。

また少女は「桃割れ」などの少女用髪形に、赤い布を飾りました。また少女時代の髪飾りには、大きな花簪《かんざし》や、花簪から色糸が長く垂れていたりと、可愛らしいのが特徴です。

○外出には手ぶら・女のお供付き

浮世絵にあるように上層の外出には婦人、娘ともに手ぶら。バッグ類の袋物を持たないし、提げません。男女ともに手ぶらです。そして必ずといっていいほど女の供が二、三人つきますので、御一行様で歩いています。近郊から流入した男達や、ごろつきなどが多いので、やはりそうなるのでしょう。

ちなみに一般娘の結婚適齢期は十六歳から十九歳ですが、商家の娘は早婚が多く、許嫁《いいなずけ》として十三、四歳でした。

大振袖でだらり結び

鳥居清長「墨田川桜の景」より

文庫結び

中上層の外出姿・晴れ着

路考結び

路考結び

鳥居清長「風俗東之錦」より

少女の装い　昼夜帯

「幼童諸芸教草　手習」より

呉服屋が上得意先を回って来る。

「昔々於艶云踊子」）より

商家の奥座敷。大丸の手代と店主の家族。

「世諺口紺屋雛形」より

㊅庶民　外出着・ふだん着

この項は江戸の風俗研究書である『守貞謾稿』による、後期の江戸女性の装いです。江戸の多くの庶民は裏長屋に住み、その夫の職業は職人・棒手振り（物売り）、日雇いなどでした。裏長屋の人々の日常の衣服は、裏店《うらだな》に廻って来る〝古着屋〟とか、〝端布売り〟あるいは店舗の〝古着屋〟、そして柳原土手には古着街がありました。ゆえに中上層のように流行柄を誂えることは夢ですが、流行色や好みの縞柄や模様は中古市場に出るでしょうから、お洒落はできたように思います。現代でも中古市場は賑わっているでしょう。

○中流　婦人の外出着　（中流は表店《おもてだな》、裏長屋にもある店《みせ》など商家の女性と推定）

外出着の生地は御召縮緬《おめしちりめん》の縞《しま》（絹の縞柄）がもっぱらです。ほかには結城《ゆうき》、縞縮緬、紬《つむぎ》、藺織《めいせん》（気軽な絹）で黒襟を掛けます。帯は紺の博多帯が多く、髪形は丸髷《まるまげ》、眉《まゆ》なし、お歯黒、下駄。

○中流　婦人のふだん着

家では古着の木綿、玉紬、藺織などを着て、近隣や銭湯に行くにも、外出には着替えて新しいものを着ました。帯は柄物と黒繻子合わせの昼夜帯が多く、常に黒襟を掛け、前垂れ（前掛け）をします。髪は丸髷で、眉なし、お歯黒、下駄。

江戸の人達は長屋であっても、皆室内では裾を引いて暮らしていますので、ちょっと井戸端に出るとか、洗濯物を干すなど外に出る時には長い裾を上げておはしょりを取りますが、この時腰ひもは用いずに、前掛けのひもに裾をはさむこともありました。

○中流　娘のふだん着

「ふだんにはもっぱら縞《しま》柄」を着用し、袖丈は短く、黒襟を掛けます。帯の色は緋（赤）か紫の絞りで、これは娘の専用柄。幅広の繭繊の前掛けをし、髪形は島田髷《しまだまげ》。娘の櫛《くし》は外出やふだん着には「木製の漆櫛《うるしぐし》に蒔絵《まきえ》（表面に金銀の粉を蒔いたような絵）」などを用いました。髪飾りは彩紙縮緬《いろがみちりめん》（しわのある色紙）です。

○裏店住まいの娘や、奉公中の娘のふだん着

「裏店（裏長屋）住まいの娘」は「繭繊か玉紬」これは共に手軽な絹物。黒襟を掛けて袖丈は短い。昼夜帯で前掛けを掛け、娘用の島田髷に下駄ばきです。

「奉公中の娘」という場合、商家に住み込みであり、主人一家の奥さんの支配下となります。実際には女中頭の下で働く台所働きなどです。ここで年季が明けるまで働き、一年雇いもあります。彼女たちの着物は「木綿の縞物」。帯はやはり片面模様と黒繻子の昼夜帯。帯結びは下ぶくれ型の角《つの》だし結び。前掛けは国産の唐桟《とうざん》（細かな縞柄の木綿）の類《たぐい》。下駄。奉公娘の髪飾りは、白紙のみです。

[江戸庶民の娘や奉公人のふだん着]

町家の妻女

『江戸風俗図巻』より

江戸婦人　ふだん着

古着の綿服。黒襟、前垂れをしている。「昼夜帯」。この人は銭湯に行くため、左手に浴衣を持っている。下駄。

まげは島田崩し

江戸婦人　外出の装い

丸まげで眉なし、お歯黒。

江戸中流娘　ふだん着

島田まげ

古着の縞木綿や繭織《めいせん》（粗絹）などの着物で、袖丈は短く黒襟。帯は黒繻子《しゅす》で前掛姿。

江戸裏長屋の婦人　ふだん着

町家の乳母

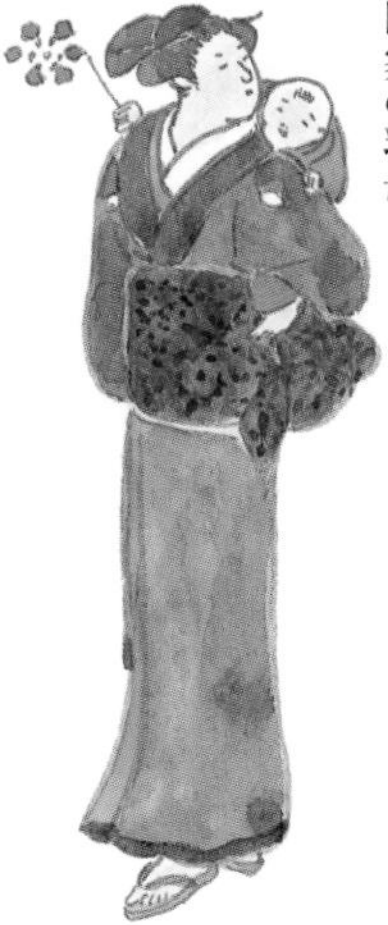

町家の奉公人

左右二つは『江戸風俗図巻』より

京坂　奉公人の少女　晴れ着の装い

京坂　台所の女中　ふだん着

表記のないのはすべて『守貞謾稿』より

㈦遊女

江戸に幕府公認の廓が誕生したのは徳川三代の元和三年（一六一七）と早く、江戸の町はずれ、今の日本橋人形町あたりでした。後に浅草に移転したあとは〝新吉原〟といいます。遊女の格は江戸期を通じてほぼ五段階に分かれ、最高級は太夫《たゆう》、後に花魁《おいらん》です。

◆遊女衣装の変遷　江戸初期〜後期

江戸初期には当時の最先端のモードを身に着けています。高価で斬新な柄の着物が目立ちますが（初期の帯の絵を参照）、まだ着丈は対丈《ついたけ》と短く、帯はひもを垂らす感じ。髪は下げ髪の時代の中、遊女が結い始めの先端を切っています。

中期の元禄頃はまだ打掛を着ていません。「着物に帯付き姿」で、花魁道中の四、五人連れの中で太夫だけは長い裾を持ち上げて歩行し、袖は丸い元禄袖で、当時は明るい色が目立ちます。中期後半になると「打掛（遊女のは仕掛《しかけ》という）」が常となり、前帯。髪形は中期を代表し後ろの髱《たぼ》がはね上がる「かもめ髱」であり、櫛、簪《かんざし》、笄《こうがい》は少なめです。

後期の寛政以降（一七八九〜）花魁道中には打掛を二枚、着物を三枚と重ね、各花魁は趣向を工夫した衣装であり、帯は前結びで一つ結びや熨斗《のし》結び他があります。髪形は横に張った灯籠鬢《とうろうびん》で、頭上の形は横兵庫《よこひょうご》、島田髷、丸髷、と様々です。

◆花魁道中の衣装　江戸後期

花魁道中は、花魁を中心に少女である禿《かむろ》や振袖新造《ふりそでしんぞう》など五人ほどの供揃えをして、所属する遊女置き屋から仲之町という大道を通り、貸席・遊び所である「茶屋」入りするのをさしました。花魁の衣装は、繻子《しゅす》などの打掛を二、三枚重ね、その下に着物を三枚重ねます。帯は錦、緞子《どんす》などの豪華な織物で、前結びで垂らしました。花魁道中は後期になると、イベントあるいはショーのような趣になりました。

髪形は横兵庫などで、二、三枚櫛、簪《かんざし》は十二本、高下駄は黒塗りの三枚歯の姿です。この髪形や櫛、簪の多い本数、高下駄などは遊女のみの非日常の装いで、町方ではやりません。

◆遊女の部屋着

一二六頁は外出着ですが、遊女の衣装として特色が見られるのは「部屋着姿」で、着物と〝胴抜き〟があり、帯結びには〝しごき帯・はさみ帯〟などがあります。

胴抜き……内着で、襟、袖、裾などに赤地などを用い、胴部分には別布を使う仕立て方。

しごき帯……広幅のソフトな布をそのまま帯にして結ぶ。遊女の前結びに多く見られる。

はさみ帯……数種類ある。胴に巻いた帯の端を前や脇あたりにはさみ込むもの。突込み帯、さし込み帯ともいわれ遊女姿に多い。

伊達《だて》ばさみ……遊女が日常生活の中で結び、はさみ込みの前結びのあと、脇に入れ込む。

後期　花魁の冬衣装

滝川という花魁の正月の初衣装で、孔雀柄。お供は子供である禿《かむろ》の二人と、妹分である「振袖新造《ふりそでしんぞう》」の二人を連れている。

鳥居清長「雛形若菜の初模様」より

後期　花魁の夏衣装

八朔《はっさく》白《しろ》無《む》垢《く》は、八月一日に一斉に白衣装を着る吉原の習わしで、盛夏の装い。

歌川国貞「江戸新吉原八朔白無垢之図」より

㈧子ども

◆生育儀礼と髪形

江戸の子どもたちは、男女ともに「髪置き」や「元服」などの儀式を通して大人になります。この時に髪を剃ったり、髪形を変えて成長する点が、現代とは大きく異なります。

赤ちゃんの胎髪《たいはつ》は穢れたものとされ、生まれて七日目に産毛を剃るのが「産毛《うぶげ》そり」です。三歳頃までは、坊主頭か一部を残して剃り続けます。これは中国の童子からの影響です。男女ともに三歳になると「髪置き」といい、ここから髪を伸ばし始めます。この時から男女に分かれ、男児は頭上の「もとどり」を作るために、女児も頭上の髷《まげ》を作る毛を伸ばしますが、まだ小さな髪結びです。この毛を伸ばして結ぶのを「芥子《けし》」といいます。

男女とも四、五歳頃になると現代のおかっぱの髪形となり、これを「かっしき」といい、この頃の男児は頭頂の前中央を丸や半円に剃ります。七、八歳から十三歳頃までの少年、少女の頃は、結い髪への準備期間です。そして女児はまだ母親に結ってもらいますが、十三歳頃になると娘の髪形である「島田髷」を結う練習を始めました。

◆幼児の衣服

産着……赤ちゃんの産着は白木綿を用い、長さ約3ｍの布一枚で身頃を仕立てます。広袖で後ろのひもを前で結びます。

乳幼児の男児のみが身につける「腹当て（腹掛）」には二種類があります。

○**すっぽり腹当て**……前後が引き続いていて、長幼児ともに下着として用い、夏の夜にはこのまま眠ります。形は筒状で前は胸と腹。背は尻が隠れ、首ひもが付き、絹地の縮緬《ちりめん》の藍色をもっぱらとしますが、他もあります。裏地は紅木綿が専用です。

○**隅取《すみと》り腹当て**……四角形を菱に用いるので、三角の布に首ひもが付く形で、首の部分には黒ビロードを使用。縞《しま》模様や縮緬地の模様染めも有り、裏地は紅木綿専用です。

○ねんねこ半天……冬に子供をおんぶするための厚綿《あつわた》入り半天です。

◆子ども着

男女児とも七歳の「帯解《おびと》き」までは子供用の着物であり、帯を用いずひもが付いている「つけ紐《ひも》付きの子ども着」でした。背中には病魔が入るのを防ぐために、魔除けの「背守り」を縫い付けます。そして子どもは成長が早いので、最初から大きく仕立ててあり、「肩上げ・腰上げ」などにより余裕分がとってあります。成長したらここをほどいて、丈《たけ》を調整しました。女児は七歳の「帯解き」になると、後ろでの紐結びをやめて、大人のように帯を用いました。

江戸の子ども着には招福と魔除け、また髪形には中国からの摂取が見られます。そして身丈が調節できる自由さがありました。

鈴木春信「六玉川　調布の玉川」より

すっぽり腹当て

幼児用で前は胸と腹、背は尻が隠れる。首ひもが付く。

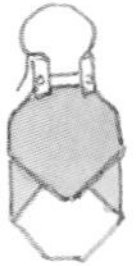

隅取《すみと》り腹当て

亀の甲半天

図3点『守貞謾稿』より

[童・男女児共通の髪形]

かぶろ(7、8歳)

男女児共通、おかっぱ。

お煙草盆《たばこぼん》

8〜10歳の少女。横の一直線で可愛らしい。

銀杏返《いちよう》し

11、12歳の少女。頭上のマゲを分けて二つの輪にした形。

3歳までは男女とも坊主。3歳の“髪置き”から髪を伸ばし始める。

奴《やっこ》

後ろのタボと横のビンの毛を伸ばし始める。

7、8歳。男児はこの後若衆髷にしていく。

赤ちゃん

生まれて7日目に産毛をそる。

芥子《けし》(男女とも3歳くらい)

頭の頂の毛をのばして結ぶこと。

かっしき(4、5歳)

前頭中央を丸くそるのは男女共通。

前髪とマゲの部分を伸ばす。

肩上げの少女

鈴木春信「夏姿　母と子」より

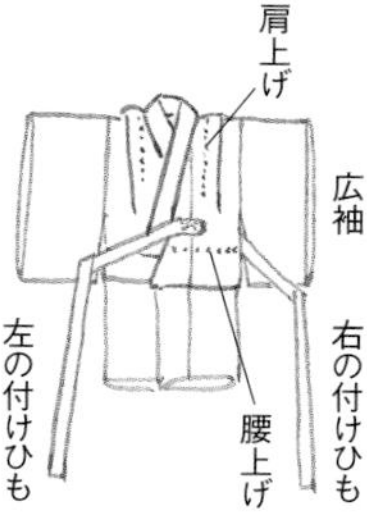

今製小児衣服図

三都とも男女児六、七歳以下は、
図のように後でひもを結ぶ。
つけ紐は縮緬。

『守貞謾稿』より

六 化粧と女の髪形

㈠化粧

白粉《おしろい》の歴史は古く、平安時代の貴族たちにはすでに使われていました。一方江戸時代となると、初期の地女（村人）が洗練されるまでに百八十年程要したようです。また一般の庶民が化粧を始めるのは、江戸後期以降となります。では顔への美意識となるとどうでしょう。古くから肌の白さが一位で、現代のような目や頬《ほお》化粧はありません。

化粧の色は、白粉の白、お歯黒の黒、紅の赤と、白、黒、赤の三色だけでした。庶民も化粧をするようになると化粧品も大量に作られ始め、白粉、髪油、紅、化粧水などを扱う問屋や小間物屋が増えます。また化粧方法は現代と異なり、手間と時間がかかりました。

◆白粉《おしろい》

白粉には主に「鉛白粉」と「水銀白粉」の二種類があります。水銀の方は御所白粉とも呼ばれ、上層の人々のみに限られ、江戸庶民に広く使われたのは鉛白粉の方です。鉛白粉が広まると、極細密から安白粉まで三段階に分けられ、価格差ができたので、求めやすくもなりました。化粧方法は準備から大変で、着物を上半身脱ぎの姿で、首、襟足にも白粉を塗っています。白粉で有名なのは「美艶仙女香《びえん》」でした。

◆口紅

紅は江戸時代になり花開いたようですが、紅花からとる紅は高級品で、紅は薄くつけるのが良いとされていました。文化頃には「笹色紅《ささいろべに》」といって下唇に濃くぬって乾くと暗緑色、または墨を下に塗ってから紅をつけると同様の玉虫効果があり、大流行しました。

◆お歯黒

お歯黒は女性の既婚を意味したので、結婚が決まれば嫁ぐ前後に初鉄漿《かね》をし、歯を黒く染めました。お歯黒は「お歯黒水《すい》」と染料である「五倍子《ふし》」の二つで作ります。お歯黒水の作り方は、壺の中に米のとぎ汁や酢などを入れ、さらにさびた古釘や針（鉄分）を入れて、密封して二、三か月置くと、茶褐色になり出来上がりです。温めて使いますが刺激臭がします。つけ方はまず房楊枝で歯を磨いた後、布で水分をふき取り、次に筆で温かいお歯黒水をぬります。その上に「ふし」を筆でぬり、何回も繰り返すと黒くなります。

◆眉《まゆ》

基本的に眉作りをしたのは武家の女性であり、庶民はしませんでした。武家は身分の象徴や礼法でもあり人工的な眉を描きますが、町方は子ができると眉を剃ったので無縁です。

鳥居清長「化粧」より

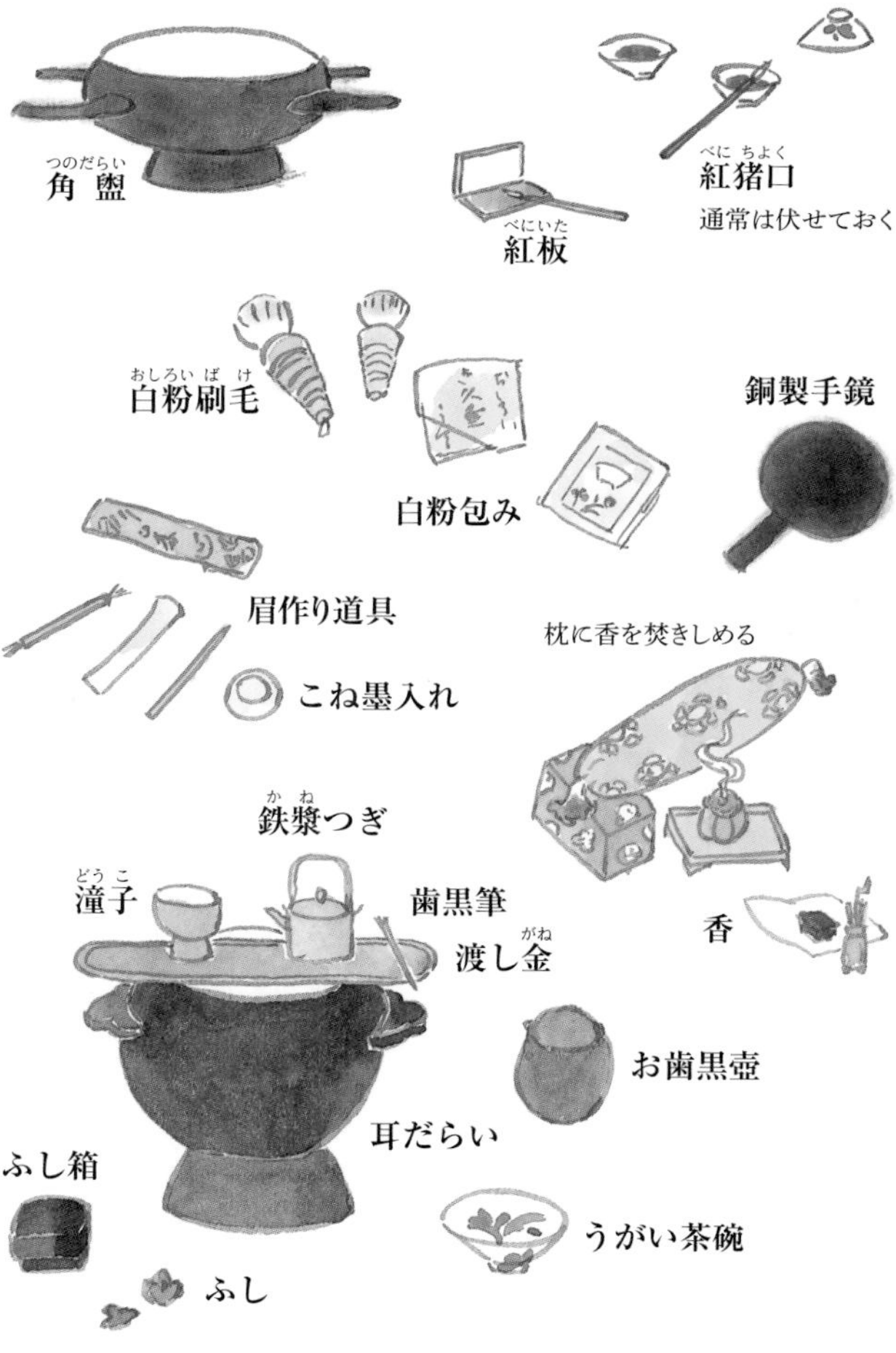
角盥《つのだらい》
紅板《べにいた》
紅《べに》猪口《ちょく》
通常は伏せておく
白粉《おしろい》刷毛《ばけ》
銅製手鏡
白粉包み
眉作り道具
枕に香を焚きしめる
こね墨入れ
鉄漿《かね》つぎ
湩《どう》子《こ》
歯黒筆
渡し金《がね》
香
お歯黒壺
耳だらい
ふし箱
うがい茶碗
ふし

㈡女の髪形　結う前の江戸初期

平安時代から八百年もの長い間、貴賤を問わず下げ髪（垂髪《すいはつ》）であった女子たちが、〝結う〟という世界へ入り込んだのが江戸時代初期です。自分のまわりには家族も町の人々も、誰もそんな格好をしていないのに、挑んだという勇気がすごいと思います。

結い始めは桃山時代に、兵庫の遊女から起こりました。「唐輪髷《からわまげ》」といい、頭の上に輪を作る形です。しかし一般的に結われるまでには時間がかかります。

初期の武家や遊女の髪形は、「下げ髪」か、「髪をいったん頭上に上げて結んでから下げる下げ髪」でした。『守貞謾稿』には徳川四代万治（一六五八〜六一）期の武家娘の容姿が出ており「下げ髪、打掛を着たり。当時、市民の女も処女はもっぱら下げ髪なり。（略）武家士民の妻女等ともに下げ髪なり」とあります。

また庶民の方は肩の後ろでひと結びする「玉結び」か、それを「布で包む」のが一般的であり、髪の結びめには麻縄を使っていましたが、後には紙で結ぶようになりました。これが紙こよりである「元結《もとゆい》」です。

◆結い髪への挑戦

長い髪を結い髪にしたい時には二つの方法があります。一つは束ね結ぶ方法で二つめは折りたたむ方法です。初期の島田髷《まげ》はまだ素朴で、髪を束ねた根元がかなり下がっていて、頭上の太いマゲが仰向いて頭にのっかっています。「大島田」ともいわれます。

○髪油なし

初期には髪油が開発されたばかりで、一般的には普及しておらず、庶民の髪は油っ気のないボサボサ、フサフサの状態です。これは絵画の『相応寺屏風』にも描かれ、ある女の島田髷《まげ》は、フサフサすぎて鳥の巣のホワッとした固まり状に見え、中期以降とはまったく違う趣があります。

○江戸初期の櫛《くし》・笄《こうがい》

初期の髪飾りは、徳川四代の明暦（一六五五）以前には小形の「黄楊《つげ》の櫛」を用いていました。そして明暦の中頃までは大名の奥方でなければ鼈甲《べっこう》の櫛を用いず、衣装の先端を行く遊女といえども「黄楊の櫛」に「鯨《くじら》ひげの棒笄《ぼうこうがい》」と『我衣』他にはあります。笄というのは１cm幅位の細い長方形の棒状の簪《かんざし》。なお簪《かんざし》の初めは貞享（一六八四〜）頃のようです。

江戸初期は「女の髪形の歴史」という観点では画期的な時代でした。八百年の長い「下げ髪の歴史」に終わりを告げ、江戸初期には「結い髪の歴史」が始まります。

［初期　女の髪形］

遊女の下げ髪

遊女は切り前髪が多く寛永頃には腰丈の長さが多い。＊

平安時代からの下げ髪。

唐輪《からわ》まげ

桃山から江戸初期。庶民はまだ下げ髪の時に、遊女の間で結われた。

武家の女。奥方、娘の髪形

髪をいったん上げてから、垂らしている。

『をんな仁義物語』（万治頃刊）より

玉結び

平安時代から長らく愛された形。長い髪を輪にして結んだ。

『和国百女』より

御所まげ

御所の女官達の結い髪。

『結うこころ』より

かむろ

前髪を切り揃えたおかっぱ頭。庶民の幼児期から少女の髪形。

玉結び

結んだ髪を布で包んだもの。＊

＊印は「江戸名所図屏風」より

大名の姫君

初期上層娘の髪形は、
上部は下げ髪のまま。
『百人女郎品定』より

大島田《おおしまだ》

元禄にかけて流行した
娘の髪形。マゲが仰向
いて大きいのが特徴。
『和国百女』より

立兵庫《たてひょうご》

唐輪（立兵庫）からの
変形で、横のビン、後
ろのタボが始まる兆候
が見られる。
『日本の髪型』より

初期
庶民で唐輪マゲの
婦人。

江戸初期の庶民
庶民は玉結びか、
このように後でまと
めただけの髪形も
多い。

「江戸図屏風」より

角ぐるまげ(婦人)

角《つの》ぐるまげ(娘)

万治頃の召使いは老女から
少女ともに角ぐるマゲとある。

㈢女の髪形　優美な江戸中期

衣装が着物の黄金期である中期を迎えると、髪形の方も友禅染など衣装の艶麗さに見合う髪形を造形していきます。そして中期以降、本格的な結い髪の時代に入りました。

◆四つに分ける結い方と流行髪形の特徴

結い髪にする時には、髪を四つに分けて結っていきます。「前髪、頭上の髷（マゲ）、顔横の鬢（ビン）、後ろの髱（タボ）」です。そしていかに多くの髪形があっても、頭上の女マゲの基本形は三つ。兵庫髷（立ちマゲ）、島田マゲ（頭上でマゲを二つ折りにする）、勝山マゲ（長い髪を大きくくるりと丸める。後《のち》の丸髷《まるまげ》）。

髪形はビンやタボなどのいずれかが流行により発達していくという経過をとります。初期には頭上のマゲに特徴がありました。中期には後頭部のタボが発達して後ろに突き出す形になります。そのタボがくるりと跳ね上がる形は「かもめ髱《たぼ》」といいます。

◆中期　結い髪の道具

中期の複雑な髪形には小道具も用いました。一つめは「髪油」で二種類あります。一は伽羅油《きやらのあぶら》など髪を梳《す》く（とかす）時にしっとり感を出すための「梳《す》き油」で、梳き油か水油を用います。二は「びんつけ油」で、ワックスのような硬い油であり、湿らせた髪を造形してそのまま固める油です。道具の二つめは「造形用の小道具」です。後ろの突き出たタボの中に入れる「タボ刺《さ》し」他。またマゲを安定させる「小枕」や、髪の長さや量を一定させる「足《た》し毛《げ》」「髢（かもじ）」共に人毛も使われました。

◆髪形の呼び方

毛を集めただけでは動くとすぐ崩れるため、結い髪の土台ともなる〝根《ね》をとる（中心の髪を束ねる）〟という工程が発明されます。そして残りを前髪、横の二つ、後ろと髪を四つに分けて、最終的には中心の根元に集めるようにしました。髪形にはマゲ、ビン、タボの各部にさらに名前がついています。

頭上のマゲ……唐輪髷《からわまげ》、島田髷《しまだまげ》、勝山髷《かつやままげ》。これらはマゲ部分だけの名称。

髪横のビン……灯籠鬢《とうろうびん》。

後頭部のタボ……かもめ髱、椎茸髱など。

ですから「元禄勝山髷」は、頭上は〝勝山マゲ〟で、後ろは〝かもめタボ〟なので本来は「元禄勝山髷《まげ》・かもめ髱《たぼ》」ですが、特徴の大きい一方の方が名称となっています。

◆櫛《くし》の価《あたい》……櫛の元禄頃の価は『我衣』には金二両（二〇万円）を極品とすとあり、下って享保頃上品《じようぼん》は五両、七両（象牙や鼈甲など高級素材を用い、約五〇〜七〇万円）。庶民の女子は求めることができず、蒔絵《まきえ》、切り金などが描かれた木櫛で価は百疋、二百疋（三五〇〇〜七〇〇〇〇円位か）にて求むとあります。

[中期　女の髪型]

元禄勝山髷(承応〜元禄)

武家の出身であった遊女勝山が考案し、流行したもの。武家風であり上品かつ優美。

先笄《さっこう》(正徳)

上方の上層の新妻が結う。全体的に細っそりとした女らしい流れを持つ。

なげ島田

束ねる髪の根の位置を後方にずらして低くとると、仰向けのマゲが投げ出されたように見える。粋筋に好まれた。

先笄

上方の上層の新妻の髪形。複雑な曲線が多く艶麗。

『江戸女百姿』より

白丈長《たけなが》

びん張り

たぼ差し

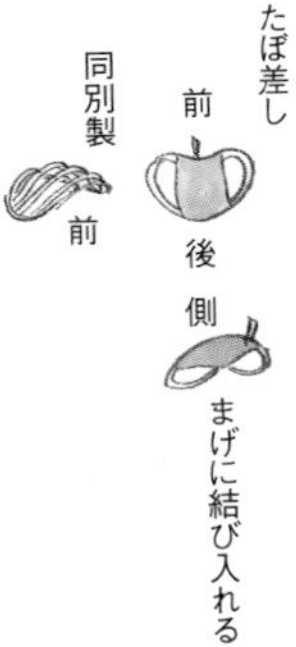

小道具は『守貞謾稿』より

表記のないものは「日本の髪型」より

春信風島田（宝暦・明和頃）

鈴木春信の浮世絵によく描かれていて、町家の娘に大流行。かもめ髱と呼ばれ、後ろのはね上がったゆるい曲線が特色。

櫛巻き（宝暦〜安永頃）

江戸の浅草寺境内にある湊屋お六が考案。櫛を逆に巻き込んだマゲ。

『結うこころ』より

横兵庫（安永頃）

初期の兵庫マゲを横に倒し、横のビンを張らせた形。あだっぽい粋な遊女などに結われた。

元禄島田

前方の輪と後ろの長いタボが特徴。

中期の島田まげ

中期の島田は上部のマゲは小ぶりで、後ろのタボが反り上がる。

「江戸女百姿」より

㊃女の髪形　好み別多彩な後期

後期は〝江戸の粋〟が着物に反映され、渋みのある洗練美の世界です。後期の髪の特徴は二つあり、一つは結い髪のポイントが髪横のビンに移り「ビンが主役」です。「灯籠《とうろう》鬢《びん》」の髪筋が透けて見えるビンの美しさや魅力を引き出そうとしたのが江戸後期です。灯籠の笠のように大きく弧を描くビンは、生え際の毛を薄くとり、向こう側が透けて見えるように工夫したものです。特徴の二つめは髪形の種類が広がり、数百種類になったことです。その背景には階級社会があり、御所風、武家風、町方風、花街風など各自の好みによる独特の髪形が作られました。

◆数百種類の髪形

この数は各階層の女たちが、それぞれ各自で工夫していった結果を示すものです。さらに年齢別、類似形までが加わりました。たとえば将軍家の御台所の髪形には娘時分、新妻、儀式の髪形があります。大奥女中は上級者から下級者まで階層別に髪形も決まっており、一般の武家の奥方達はまた別です。町方は少女なら桃割れ、銀杏返《いちょうがえ》し。嫁入り前の十代の娘は島田。既婚者なら丸髷、しの字、上方なら両輪。粋筋は若い芸者ならつぶし島田と続きます。

◆少女の頃から結う練習

これらは自分で結ったのでしょうか、また上手にできたのかしら……という疑問がわきます。髪は十二、三歳頃からひとりで結う稽古をし、互いに結いあいもし、人の髪も結えるようにします。腕がだるくなるほど練習をしても思うようにはいかないようです。

◆女髪結い

女髪結いの誕生には諸説あり『百百囀《ももさえずり》』という随筆によれば、中期の寛保二年（一七四二）に、歌舞伎役者のびんつけをする仙吉の娘お松が最初といわれています。が、それは複雑な髪形を上手に結える技術者の事。数百という髪形を考案したのは女たちです。

◆数百種類の髪形まとめ

①きちんと整えて結うほど品格が高く、代表は武家女子の髪形であり、崩してゆくほど身分が低くなります。また毛先も整髪してあるほど品が良く、乱すほど下層に。たとえば一般婦女の前髪はきちんと上げますが、遊女や下層の人には〝切り前髪（今の不揃いなシャギー）〟で散らし、ラフにする人も。②頭上のマゲの基本形から、各自で好みの形へと変化させます。変化は束ねる根《ね》の位置と頭上のマゲで行われました。根を下げたり、マゲを様々に変えたり、簪《かんざし》に巻き付けたりして工夫。③当時は自分で結うため自分でアレンジし、デザインをしました。江戸はセットの時代。現代は美容院に任せ、カットの時代です。

四　女の髪形　好み別多彩な後期

[娘]

燈籠びん・島田まげ
上部が二つ折りで、嫁いり前娘時代の代表的な髪形。

高島田（奴《やつこ》島田）
大奥の御殿女中や武家の娘が結い、品格ある島田髷。束ねる根元の位置が高い。

[少女]

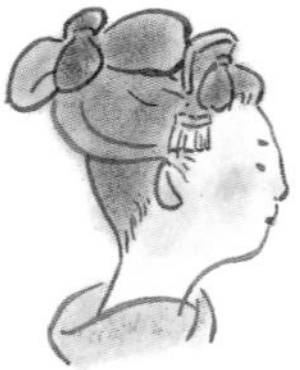

結綿《ゆいわた》
十代の少女の髪形。赤い布や鹿の子絞りを掛けたもの。

桃割れ
少女の髪形で赤や桃色の鹿の子絞りを掛け、可愛らしい。

[町方婦人]

燈籠《とうろう》びん・丸まげ（勝山系）
江戸の既婚婦人の代表的な髪形。丸髷部分は種類が多く、大きく膨らんだものから小さいものまである。

灯籠びん・しの字まげ
江戸庶民の年増の髪形。髷用の楕円の紙の型に毛を貼り仮髪にし、これを笄の下に通す。

両輪
子ができた上方の町家の母親に結われた。

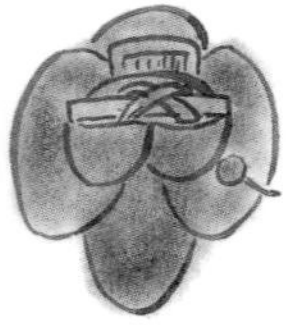

姥子《おばこ》
町方の女房などが結い、髷を二つに分けて毛先を笄に巻きつけた。

[粋筋]

島田崩し
年増や茶屋の女将など粋筋に好まれた。

つぶし島田
粋筋の芸者などが主に結い、大流行した。マゲの中央が凹んでいるのが特徴。

銀杏《いちょう》返し
12、13歳から20歳頃の娘の髪形だが、堅気から粋筋まで結った。二つの輪が開く形。

箱びん
これには角張ったビン張りという小道具を使った

ばいまげ
マゲの根元を結び、笄か耳かき簪を縦にさしてそれに髪を巻きつけた。

鍋蔓《つる》ビン差しの図

[下層の二つ]

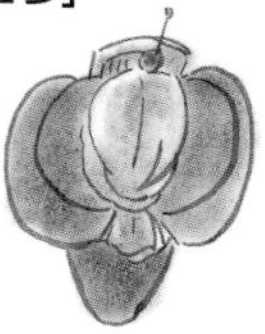

布天神《きれてんじん》
二つの輪である銀杏返しの真ん中に、布を立て掛けにした。婀娜っぽさがある。

切り前髪
前髪は通常は上げるが二つに分けてラフに垂らしたもの。

じれった結び
江戸末期に見られ、下層階級の女や労働者が結う。軽く粗雑な結びのため、一般人はやらない。

三ツ輪
主にお妾《めかけ》か遊芸の師匠が結う。丸髷を結えない立場のため、丸髷に銀杏返しをそえて結っている。

七 補助衣料

㈠女の上着と補助衣料

被衣《かづき》……江戸初期に宮廷の女官、武家、町方の上層女性たちに用いられました。古来から女性は顔を見せない風習があり「被衣」は女性の外出時に、これ専用の着物を頭上に被りました。後に江戸では禁止。形は普通の着物とは異なり、襟の位置を下げて仕立てます。生地には武家は紺色の絽《ろ》（絹）にジグザグ模様や山水の風景模様。町方は紺の麻地に菊の花の半円模様などです。

被布《ひふ》……上品な上着で男女用があり、男子は茶人・俳諧師などが着用。女性は御台所の常着であり、大名・旗本の後家や隠居が着用。女性用は縮緬地などの腰丈の上着で、広い襟を折り返して着用し、胸元に飾り房を垂らします。町方はあまり用いず。

女羽織……女子は元来羽織は着ないのを礼儀とされていましたが、中期頃から深川の芸者が着始め、後に庶民の女性も着用しました。延享五年（一七四八）に女羽織禁止のお触れが出て、一旦廃絶しましたが、幕末頃には再び婦女の羽織姿が見られます。

半襟《はんえり》（掛け襟）……半襟は襦袢《じゅばん》の襟にかぶせて縫い付ける別布の襟です。掛ける目的は二つあり、一つは襟の擦り切れや汚れを防ぎます。二つめは襟元を美しくするための装飾として用います。外出や日常にはもっぱら縮緬です。色は御殿女中は白のみ。町方婦人は紫や茶、草色。娘は緋（赤）が中心でした。

黒掛け襟……着物に掛ける黒い別襟　表着の着物の襟に、艶のある黒繻子《くろしゅす》の別襟をかぶせて縫い付けます。目的は汚れを防ぐためと装飾。

抜き襟・抜き衣紋《えもん》……女性の着付けの時に、襟を背に押し出して襟足を長くとることを抜き衣紋といいます。中期の髪形は後ろのタボを長くしたことで、髪油で襟が汚れない工夫でしたが、襟足を美しく見せるため、以降盛んになりました。

前垂《まえだ》れ（前掛け）……二タイプあり、一つは水茶屋（喫茶店）の茶くみ娘達がしめる、広幅でオーバースカート状、美感があり高価です。他は庶民用の細幅でひも付きのもの。

手甲《てこう》・脚絆《きゃはん》……手甲は野外労働などに手の表面だけを覆い、手の甲を守る布。脚絆は旅や労働に用い脚部をおおう布。ひもかコハゼ掛けで、女子用には紺、紅色、縮緬地がある。

寝間着……庶民は用いず、主に上層で用います。寝る時に着る衣で、洗濯のきく麻や木綿の単《ひとえ》（裏無し）で作り、冬には重ね着をします。

被衣《かづき》　「江戸図屏風」より

江戸初期の被衣姿。小袖を被っている。

半天姿　歌川国貞「十二月ノ内霜月酉のまち」より

被布《ひふ》

歌川国貞『星の霜当世風俗　潜戸』より

被布

『守貞謾稿』より

[前垂《まえだ》れ(前掛け)]

鳥居清長「美南見十二候三月御殿山の花見」より

前垂れ

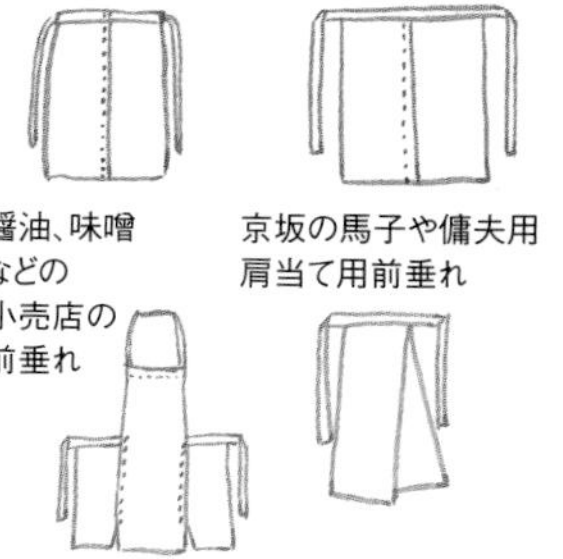

[脚絆《きゃはん》]

旅の脚絆姿

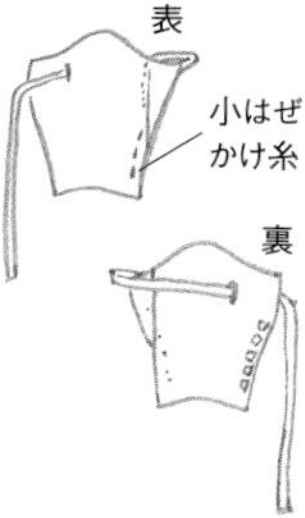

[手甲《てこう》]

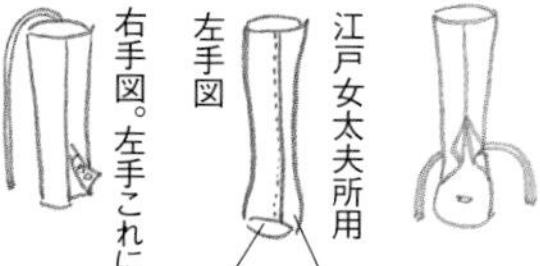

図は『守貞謾稿』より

㈡下着と肌着

◆襦袢《じゅばん》・半襦袢

着物の下に着る肌着を「襦袢」といい、「半襦袢」と「長襦袢」があります。古くは半襦袢のみで、元禄頃に長襦袢が出現しました。襦袢は男女ともに用いる肌着で、丈の長さでの名称です。後期には男子や御殿女中、町方女性の日常には半襦袢。長襦袢を着用するのは町方女子だけで、主に礼装や晴着に着用しました。後には男の長襦袢も現れました。生地は男女ともに冬は縮緬の袷（裏付き）。春夏には木綿の単《ひとえ》。夏場には晒《さらし》木綿など。

◆長襦袢

半襦袢と腰巻きが合わさった形で、長襦袢の下に肌着や腰巻を着ることもあります。後期に町方女の礼晴用に用いられ、ゆえに生地は絹の袷が一般的です。必ず半襟を掛けて着用します。

◆肌襦袢

半襦袢は肌着を兼ねますが、長襦袢は生地が縮緬ということもあり、町方女子の礼装時にはこの下に肌襦袢を着たようです。筒袖で肌にじかにあたるので「肌襦袢」といいます。

◆胴着

冬から春にかけて着る綿入《わたい》れの防寒用衣料です。下襲《したがさね》（準着物）の下に胴着、その下に半（長）襦袢を着ます。形は丈の短い短衣で暖かく、軽量で安価なため、広く着用されました。男女ともに用い、普通は袖付きですが、袖なしもあります。

◆四つ手（汗取り）

夏場の簡単な汗取りで、背には肌に直接に長方形の麻布二枚をX型に重ね、肩から前に回した布端のひもを前で結んで着用します。

◆下衣（湯文字《ゆもじ》・二布《ふたの》・脚布《きゃふ》）

ひざ丈位に短く現代のショーツにあたります。江戸では二布、上方では脚布といい、また湯文字とか湯具、下帯ともいいます。その上へ「腰巻き」をつけます。昔の生地は麻、江戸期は木綿。

◆蹴出《けだ》し・裾除《すそよ》け（腰巻き）

下着の湯文字の上に重ねてつけるもので、着物の裾が痛むのを保護するために考案されました。文化頃から流行し、生地は縮緬が主。江戸では「蹴出し」、上方では「裾除け」といいます。町方女子が外出に半襦袢を着る時には、湯文字の上に緋縮緬の腰巻を重ねてつけました。

[女用、長襦袢《じゆばん》]

額仕立《がくじたて》

喜多川歌麿「青楼年中行事」より

長襦袢

歌川国貞「星の霜当世風俗行灯」より

[肌着]

夏に汗を吸収させる“汗取り”

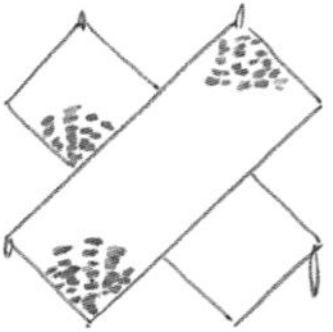

四つ手

『守貞謾稿』より

四つ手を着用図

歌川国貞「偐紫田舎源氏」より

湯文字

豊国三「二五五四好　今様美人」

[半襦袢]

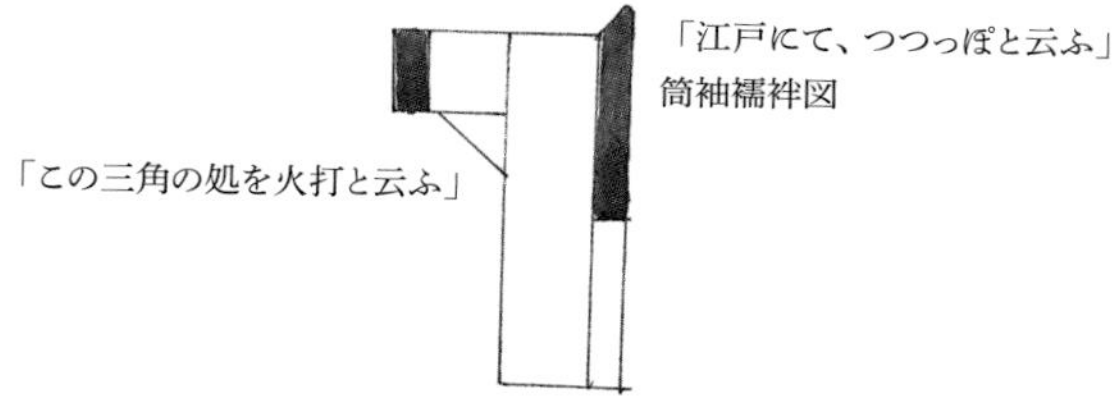

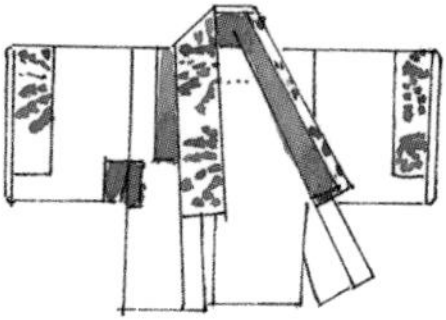

半襦袢(乞食仕立)

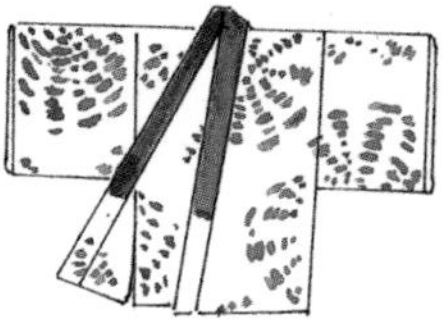

男子の半襦袢

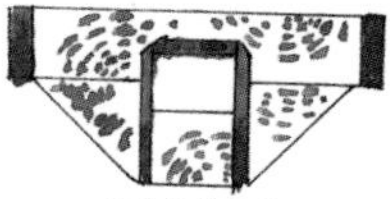

吾妻胴着《あづまどうぎ》

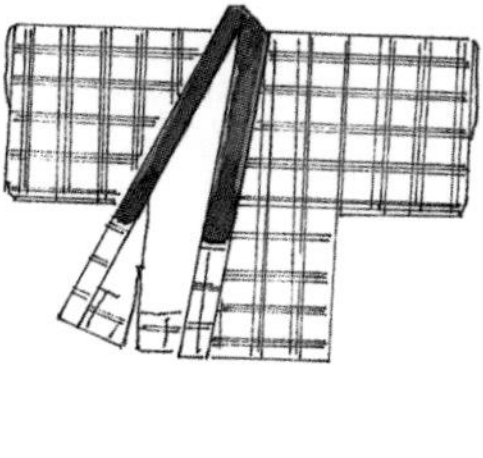

図は『守貞謾稿』より

㊂女の装身具

〔髪飾り〕　女性の装身具の華は「櫛《くし》・簪《かんざし》・笄《こうがい》」などの髪飾りです。女子の結い髪が本格化する江戸中期以降から、髪形に合わせて髪飾りも変化します。素材としては鼈甲《べっこう》、象牙《ぞうげ》、漆《うるし》、銀、木製を中心に、珊瑚《さんご》や翡翠《ひすい》、瑪瑙《めのう》などにより、単独あるいは組み合わせて高度な技術力で作られました。女の髪形は身分や年齢をも表すため、布の髪飾りも色などで年齢を表し、十代の少女は赤、年増の婦人は水色や紫などです。髪飾りは他に根掛け、髷掛《まげ》けがあります。

◆櫛

鼈甲や象牙の櫛は中期の貞享・元禄（一六八四～一七〇四）頃から流行します。ともに高価で、鼈甲は黒い斑《ふ》がなく透き通っている方が高級ですが、斑が入った方が流行していた時期もあります。また鼈甲に似せて馬爪《ばず》や牛爪で作る安価な商品もありましたが、その中には手技が高度すぎて、本物そっくりに作る技術力がありました。

＊木製の黄楊《つげ》の櫛は広く流布し、髪を梳《す》く他に、髪飾りでもあります。木製の櫛には漆が塗られ、蒔絵《まきえ》を施されたり模様が描かれました。

◆簪《かんざし》

鼈甲《べっこう》、象牙《ぞうげ》の簪とも享保（一七一六〜三六）以降から現れました。金属の簪には銀鎖《ぐさり》、錫《すず》などに珊瑚《さんご》を組ませたものがあります。細工の繊細、緻密なものは高級品ですが、幕末には先に玉がついた「玉簪」が広く流布。また銀の代わりに滅金《めっき》の品もありました。金属の簪は年齢に関係なく、未婚、既婚、年増それぞれに挿していました。

銀の平打ち……武家女性が主に使用します。

銀のびらびら簪……後期の天明頃から流行し、華やかな細工の下には多くの銀鎖が歩くたびに揺れ、微《かす》かに音がしました。武家や富裕な商人の娘用です。

玉簪《たまかんざし》……先端が耳かき状で玉が付いている玉簪。幕末から明治にかけて流行し、珊瑚や翡翠《ひすい》、鼈甲などがあります。珊瑚は若向き、翡翠は年増向きです。

笄《こうがい》……棒状の笄に髪を巻いて上部の髷《まげ》を作ったり留めるための具です。両端は髷の外に出るので装飾にも。初期の寛文（一六六一〜）頃からあり、当初の素材は竹、角、鯨のひげ、鶴の脛骨《けいこつ》などがあり、後に鼈甲などが主になりました。

◆扇子

扇子は夏の季節物ですが、江戸時代には正月の贈答品として白扇を贈る習慣がありましたので、扇屋は一年中商えました。顧客の多くは女子で、歌舞伎役者のサイン入り扇もあります。また扇の地紙のみを張り替えて売る「扇の地紙売り」や「扇売り」がいて、売り子は美男子というのが相場でした。

［笄《こうがい》］　［簪《かんざし》］

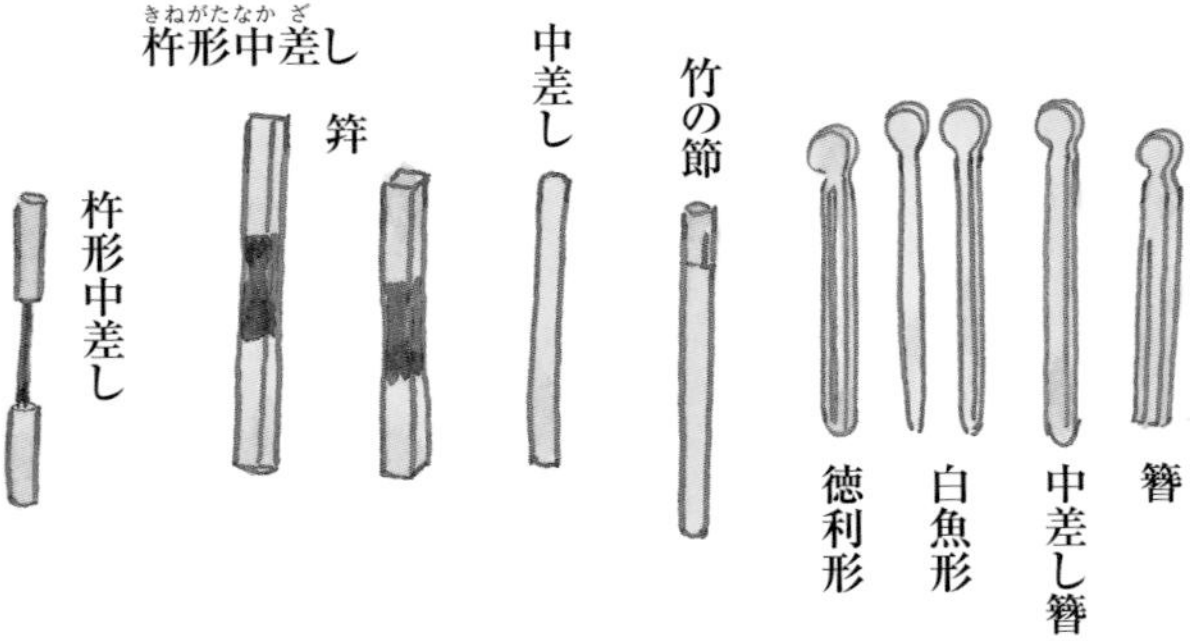

［簪］

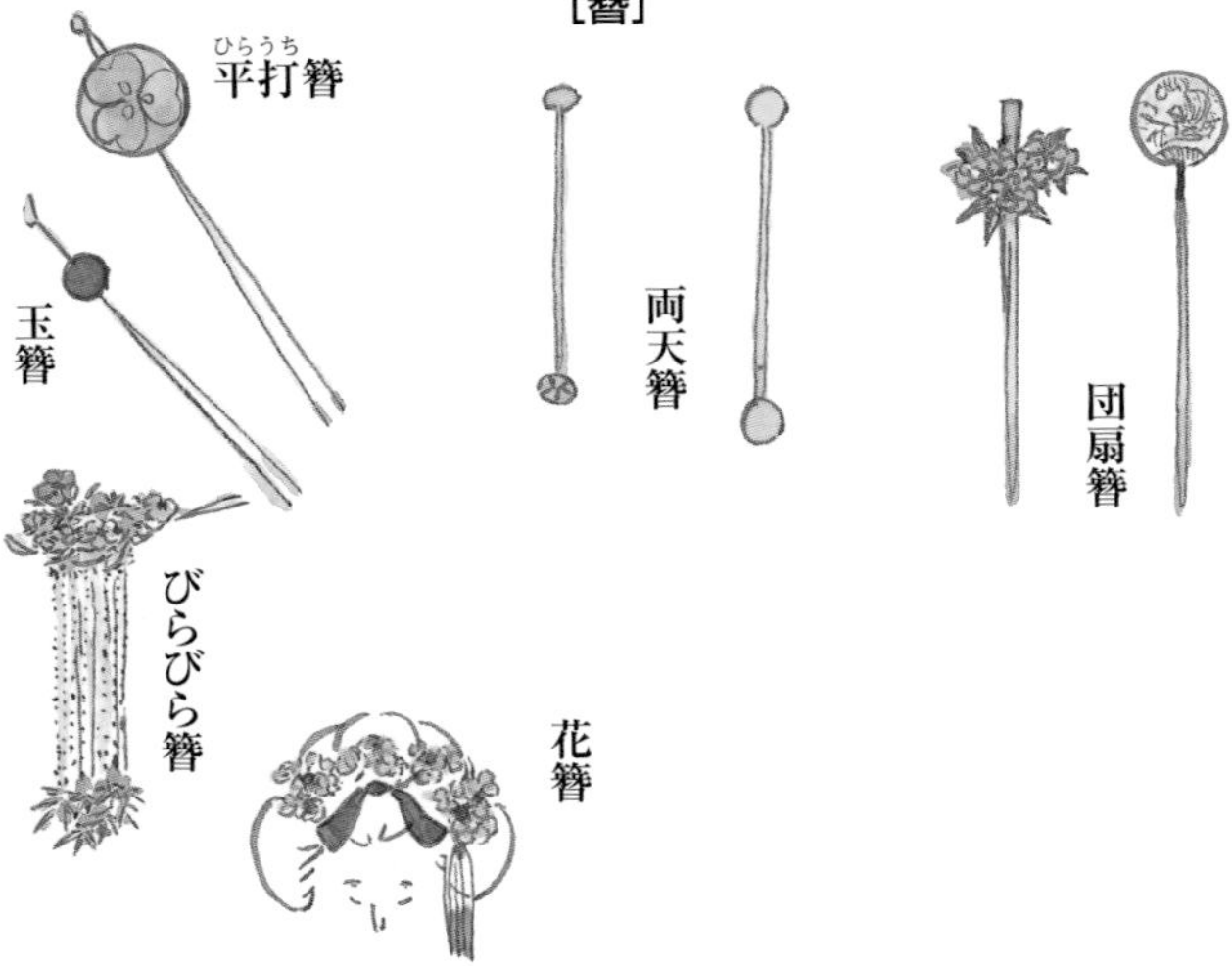

[櫛《くし》]

ビン掻《かき》櫛

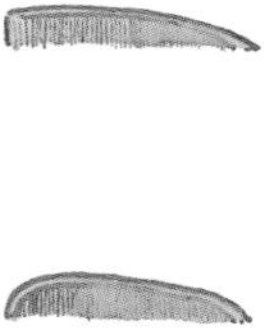

毛筋立

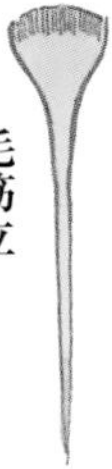

利休形櫛

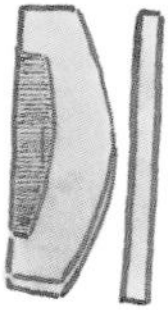

（形の名）

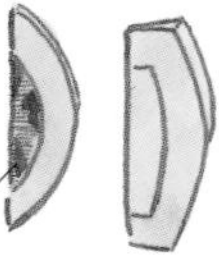

女用紙入れ

女用煙草入れ

紙挟み

箱迫《はこせこ》

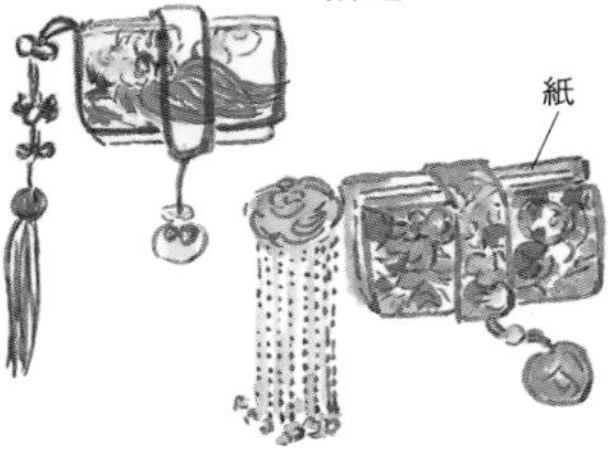

㈣被《かぶ》り物

江戸時代には被り物が多種多様に作られ、男女ともに愛好されました。日本人は昔から手拭をほんのちょっと頭にのせるだけの「置き手拭」など、何かしら被りたがります。白い布を被ることは日除け、雨具など実用の前に、神様の前に自身を浄化したり他人への礼儀だったりし、それが習慣になったようです。江戸時代に入ると四つに分けられ、笠、頭巾、帽子、手拭となります。帽子は主に女が被り、他は男女ともに被りました。

〔笠〕 江戸初期にはまだ庶民がさし傘を使うことはなく、カサといえば男女ともに笠を被るものに決まっていました。後に中期以降からは女子の髪形が複雑になり、笠はその髪形をくずすので嫌われ、女性はさし傘を用いました。笠は植物性素材の藺《い》・管《すげ》・竹などで円錐形に作り、ひもを付けて頭上に被ります。雨、雪を防ぎ、日差しよけや顔を隠すのに使われました。

編み笠……藁《わら》、藺《い》などを荒く編んだもの。上がとがって浅い綾藺笠《あやいがさ》と、深編笠がある。

組み笠……主に檜《ひのき》、松、竹の削り片を材料とし、網代《あじろ》などに組んで作る。網代笠、檜笠。

縫い笠……管《すげ》、茅《かや》などを縫って作る。市女笠《いちめ》、菅笠、三度笠。

押え笠……竹皮、棕櫚《しゅろ》皮などを形にかぶせ、渦巻状に押え糸で止める。竹の子笠、筝皮笠《たけのかわ》。

張り笠……布、紙、皮などを竹の骨組みの上にかぶせて張って作る。下級武士の陣笠。

塗り笠……編み、組み、張り笠などの表面に油、渋、漆などを塗り加工したもの。塗笠。

技法による名称には、編み笠、網代笠、塗笠。用途による名称には、雨笠、陽笠、陣笠。

〔頭巾《ずきん》〕頭巾は桃山時代より江戸初期にかけて発達し、男が月代《さかやき》（頭上を剃る）になったことで、頭頂の保護や防寒を目的としました。次の五種類に分けられます。
・丸頭巾《まるずきん》系統　・袖形の系統　・周りを囲む錣《しころ》付き系統　・覆面頭巾《ふくめんずきん》系統　・風呂敷状の布で包む御高祖頭巾《おこそずきん》
〔帽子〕江戸時代の帽子は女の被り物をさします。帽子は頭にのせる綿《わた》や布のこと。中期の元禄頃には独特の綿帽子《わたぼうし》があり、後には歌舞伎役者考案の様々な帽子の流行が見られ、後期寛政の頃から旅行や遊山には帽子や笠を被りました。

綿帽子《わたぼうし》……中期には頭とあごを包む綿帽子があり、武家や上層の婚礼には綿帽子を被ります。

揚帽子《あげぼうし》……奥女中や町方上層のみが寺社参詣などに被り、絹の白羽二重《はぶたえ》に裏つき。

〔手拭〕手拭が一般に広く普及したのは、木綿の出現による影響が大きいようです。多種多様な使われ方で愛用されましたが、被り物としても頻繁に用いられました。

[笠]

市女《いちめ》笠

平安時代頃から元禄頃まで。

綾藺《あやい》笠(浅い)

上が尖っていて浅い笠。

菅《すげ》笠

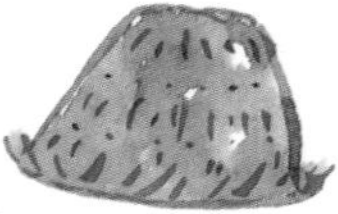

武士の深編笠

初期の絵に多く、面相を隠すのによい。

深編笠(男女)

菅笠

女用菅笠

一般向きで江戸初期から末期まで男女とも用いた。

饅頭《まんじゅう》笠(旅行用)

網代《あじろ》笠

竹などを組んで作る高級な笠。

一文字笠

水平で一直線のもの。

[帽子]

瀬川帽子

女形役者により流行。布を前髪で留め、両頬に垂らす。紫や水色。

綿帽子《わたぼうし》

綿であごなどをおおうもので、女子に流行。老若とも外出に用いた。

綿《わた》帽子・練《ね》り帽子

婚礼時に被る。

揚《あげ》帽子

御殿女中や町方上層が寺社参詣などに用いる。

[頭巾]

丸頭巾

宗十郎頭巾（錣《しころ》頭巾）

歌舞伎役者が創案。武士や上流町人が廓などへ通うのに用いた。

角頭巾

儒者、俳人などに多く見られる。

山岡頭巾（袖頭巾）

袖の形の袖口の所から顔を出すので、目と鼻だけが出る。

奇特《きとく》頭巾（覆面頭巾）

奇特とは不思議の意味。目だけを出した頭巾。

御高祖頭巾

袖頭巾着用

[手拭]

頬被り

男に多く見られる。多くは片方をねじり、端をはさんで用いた。

吉原被り

手拭を二つ折にして額に置き、まげの後ろで結んで留める。

姐さん被り

女子が室内で掃除、洗濯など立ち働く時に被る。

姐《あね》さん被り

八　四季の装いと成長儀礼

㈠衣替え

日本は自然の変化に富んだ国であり、衣服も四季の季節感に合わせ〝衣替え〟を行ってきました。＊次は旧暦のため現代では約一か月遅れます。

・春…四月一日から袷《あわせ》（裏付き）　・夏…五月一日から八月末日までは単《ひとえ》（一枚着）

・秋冬…九月九日～三月末日までは〝綿入《わたい》れ〟

春の端午や秋の重陽の節句を区切りとし、冬の長い綿入れの期間から、四月一日には袷になりました。夏の五月一日から八月末までは夏の一枚着です。

◆衣替えは着替えではなく縫い直すこと

現代とは異なり、衣替えは着替えではありません。そのつど妻女が春や夏には袷の裏付きから裏地や綿をとって洗い、再びひとえ（一枚着）に縫い直します。また冬期は九月九日の期日までには家族の着物を、裏地を付けて、綿を入れて〝綿入れ〟に縫い直して準備しておくことを、「衣替え」といいます（多数の衣を持っていない）。

◆女性とお針仕事

日本の四季に合わせた衣替え（家族の衣類を年中縫い直すこと）があり、布団も綿を入れて作るものなので、古来から日本の女子にとって〝針仕事〟は家事の第一の仕事と位置づけられていました。針仕事は嫁入り前の娘にとっては必須の技術で、五歳から十三歳頃までにはひと通りの縫い物を母親から教わり、さらにお針の師匠に通い習得する人も。

武家、商家の女性（奉公人の仕着せも縫う）も含むほとんどの女達が家族のために、すべての衣料を縫い整えました。家事の第一は江戸では裁縫であり、現代では料理です。

◆衣類の手入れ法

布はすぐ擦り切れるので繕《つくろ》いと洗濯が主になります。洗い方は二種類あり、手で洗う「丸洗い」と、着物をほどいて布にして洗う「洗い張り」があります。丸洗いは一枚着の木綿や麻、肌着などを着物のまま洗います。洗い張りは絹物や袷、綿入れをほどいて洗う方法です。洗剤には灰汁《あく》や、無患子《むくろじ》の煎じ液、米糠《こめぬか》を使用しました。

◆古着を着用

手織りの時代なので反物、布は高価であり貴重品です。庶民はもっぱら古着屋や行商から衣類を求めたようです。古着屋街としては、神田柳原土手や日本橋富沢町が有名で、打掛から帯、股引まで売っていました。また物売りには布を扱う〝木綿の反物と糸売り〟や〝手拭売り〟もいて、町々を回っていました。

市井、婦人の日常着　洗濯・化粧・裁縫姿

「栄草当世娘」より）天保～弘化期

御物師（仕立て屋）

「和国百女」より

裁縫を習う娘たち

㈡成長につれ変身する男女

江戸時代の子供は「七つまでは神のうち」といわれ、誕生後は魂が遊離しやすい不安定な時期であり、また死産なども多いため、生誕後の一年間は特に生育儀礼が多く組まれていたようです。最初は「出産祝い」。次は初めて袖付きの着物を着る「三日祝《みつか》い」。名前がつけられる「お七夜《しちや》」。生まれて七日めに産毛を剃る「産毛剃り」。三十一日目に産土神《うぶすながみ》にお宮参りする「お宮参り」。生後百日頃に行われる「食い初《ぞ》め」。出産後一年のお祝いである「初誕生」と続きます。さらに子供の頃の儀礼としては、

三歳……「髪置き」。〇歳から三歳までは剃り続けて坊主なので、男女児とも三歳の髪置きから髪を伸ばし始めます。

五歳……男児は「袴着《はかまぎ》」。初めて袴をつけて宮参りをします。

七歳……女児は「帯解《おびと》き」。着物についている紐《ひも》をはずして、初めて帯を締めます。

【成長ごとに変える顔と髪形】

◆男子〝元服〟女子〝十六島田〟

当時は相手の方に自分はどういう身分で、どういう立場の者かを、顔と髪形を変え、は

っきりと分かるようにします。男子は青年期の十五歳頃には「元服」といい、成人に達したしるしとして前髪を切り落とし、頭頂を剃って大人の髷《まげ》を結い、髪形や衣服を少年から大人用に改めました。その儀式をさして「元服」といいます。江戸時代には武家、町人の男子ともに前髪を切り落とし、頭頂の月代を剃るだけとなります。男子は十五歳。女子は十三歳頃が成人です。

◆女子のお歯黒《はぐろ》・丸髷《まるまげ》・眉《まゆ》そり

江戸の結婚年齢は大変早く、十九歳までに大方嫁ぐため、十六歳になると少女の髪形から娘の〝島田髷〟に改めます。これを「十六島田」といい、結婚適齢期になりましたという意味です。しかし女子の場合はこの後も形態の変化が続きます。

女子は十七、八歳で〝結婚〟が決まると、結婚の前後には「初鉄漿《はつかね》」といって白歯からお歯黒をつけて黒歯に変わります。そして既婚者になると髪形は「丸髷《まるまげ》」が結われました。ですから結婚をすると丸髷とお歯黒です。その後、子持ちとなった場合には眉剃りが加わり、「丸髷・お歯黒・眉剃り」となります。子を持てなかった場合は周りに合わせたようです。

当時は〝元服劣《おと》り〟という言葉があり、男子は前髪がある美少年から前髪を剃って大人マゲになり、女子は結婚すると娘らしい姿から黒歯などに激変し、以前より劣って見えることをいいました。

赤ちゃんの“産毛そり”

男女児とも生まれて7日めに産毛を剃る。

3歳で“髪置き”

0歳から3歳までは男女児とも坊主なので、3歳の髪置きから髪を伸ばし始める。

童の“芥子坊主《けしぼうず》”

男女児とも、毛を伸ばして結ぶ。

4、5歳の男女

喝食《かつしき》。現代のおかっぱ。

12、3歳で結い髪

少女は 13歳頃が成人である元服。

結婚が決まると“初鉄漿《はつかね》”

16歳から20歳までが結婚適齢期で、結婚が決まると歯を黒く染めた。

[元服に見る形態の変化]

結婚式の娘、島田まげ

嫁ぐ前の娘時分には、髪は島田まげ。眉があり、白歯。

人妻

結婚すると黒歯となり、髪形は「丸まげ」子ができないうち、眉はそのまま。

人妻、子持ち

人妻で子持ちになると、お歯黒・丸髷・眉剃《そ》りに。

㊂冠婚の衣装

【婚礼】

身分制度の厳しい江戸時代は、別の身分の者とは結婚できないという規制があり、町人同士においても、家の分《ぶん》、家格にふさわしい相手が求められました。武家は上士や親からの命令婚で、幕府や上士への届け出と許可が必要です。町人で婚礼や式を挙げられたのは上層の人々であり、商家の跡継ぎの披露という目的があり、式は家で挙げ、衣装、料理すべて自費で挙げられる層です（現代のように貸式場、貸衣装はしない）。裏長屋に住む庶民の娘は着物、裁縫道具と鏡を持参しての同居も普通のようですが、その四畳半ひと間で、大家さんの立ち合いのもと三々九度の酒と、熨斗目《のしめ》昆布くらいの絵があります。

花婿《むこ》の家の座敷で式が行われます（人でなく男の家に嫁ぐ）。男の衣装は武家なら身分による規定の衣装（直垂《ひたたれ》、大紋《だいもん》など）を着用しますが、下級武士や上層の町方の多くは「裃姿《かみしも》」です。花嫁の衣装は「白無垢《むく》の打掛の衣装と着物。白い綿帽子《わたぼうし》」。二人の間には祝言用の〝蓬莱《ほうらい》の台〟が置かれ、三々九度の盃ごととなります。古式には祝言の式の盃事と祝い膳は進行の人と花嫁・花婿の二人のみで行われ、この時舅・姑や親族は式に出ず、式が終わってから親族との式が始まりました（平安期と同様認めるという形）。また「色直し」は、新婦が白い衣装から「赤い衣装」に改めるのが一般的です。

【葬式】　宗派により異なる

葬式の準備には近隣の人々が手伝うことが一般的で、死者に着せる着物である〝経帷子《きょうかたびら》〟を縫う女性達も集います。〝幡《はた》〟には僧侶が経《きょう》や梵字《ぼんじ》を書き入れました。葬具の準備は他にわらじ、蠟燭を立てる竹串や、使者に供えるだんご用の粉をひいたりして整えます。

◆葬儀

死者は湯灌《ゆかん》（湯で拭く）で清めてから〝経帷子〟を着せます。白い着物である経帷子は薄い白麻などで作られ仏式で死者を葬る時に着せます。衣の衽《おくみ》や背に名号、題目、真言などを書き入れ、帷子を着せてから棺《ひつぎ》に納めます。胸には魔除けの刃物を置きました。

◆葬式、葬列

葬式は身分や経済力により差がありました。棺《ひつぎ》は木製でタテに四角の〝座棺《ざかん》〟が一般的であり、桶《おけ》状のものを〝早桶《はやおけ》〟といい、身分の低いものに用いられました。葬式は家の中で僧による読経の後は、出棺して寺か墓に向かいます。葬列の前方には位牌と供え物の膳が先行し、棺が続きます。葬列の人々は白い頭巾をかぶり、喪主は白装束が多かったようです。

[婚礼]

武家の婚礼　盃事の場面。右上にいるのが進行役の待上臈《まちじようろう》。中央の屏風前には祝いの"蓬莱《ほうらい》の台"。『倭百人一首小倉錦』より

長屋の庶民の婚礼　『女重宝記』より

恥ずかしそうにしているふだん着の花嫁と、借りたらしい羽織と袴《はかま》の花婿。手前の男は熨斗《のし》を左手に持ち、妹らしい娘は酒を注ぐ提《ひさげ》を持っている。

[葬式]

葬式の準備は近隣の人達が集って行うことが多い。『懐硯』より

葬列風景

上層町人の葬儀で、上輿は四人でかつぎ、棺には白無垢を掛ける（掛け無垢）。

『浮寝鳥朧漣』より

死者の衣に
梵字を書く。

死者の枕経《まくらきょう》と
逆《さか》さ屏風。

左右はシーボルト『日本』より

あとがき

江戸の女達のあくなき探求心。それにつれて激変する模様や髪形も私は面白かったのですが、大奥の御台所や上級奥女中たちの、特殊すぎる装いにも驚きました。

儀式の時の眉作りはいかに。眉を剃って白粉《おしろい》で塗りつぶしてから、丸く黒ベタの眉を入れたり、夏の表着《うわぎ》（打掛）を掛けるための突っ張り棒のような帯（提帯《さげおび》）。当時の庶民も現代の人々もこの装いを見たことはありませんが、殿上人ゆえの特殊さですね。

この本を手に取って読んで下さいました読者の皆様、ありがとうございました。

そして、衣装分野であり専門用語や同一異語などが多出するこの本を、編集、担当して下さいました青木真次様に深く感謝申し上げます。

２０２１年11月

菊地ひと美

〔主な参考文献〕

『守貞謾稿』喜田川守貞著
『御殿女中』三田村鳶魚著　青蛙房
『江戸生活事典』三田村鳶魚著　稲垣史生編　青蛙房
『江戸服飾史』金沢康隆著　青蛙房
『江馬務著作集』3・4　江馬務著　中央公論社
『服飾』（日本の美術26）日野西資孝編　至文堂
『小袖からきものへ』（日本の美術435）長崎巌著　至文堂
『公家の服飾』（日本の美術339）河上繁樹著　至文堂
『武家の服飾』（日本の美術340）丸山伸彦著　至文堂
『町人の服飾』（日本の美術341）長崎巌著　至文堂
『江戸町人の研究　第一巻』西山松之助編　吉川弘文館
『日本の歴史　21町人』中井信彦著　小学館
『講座日本風俗史』全12巻　雄山閣
『原色日本服飾史』井筒雅風著　光琳社出版
『日本の女性風俗史』切畑健編　紫紅社
『日本風俗史事典』日本風俗史学会編　弘文堂
『有職故実大辞典』鈴木敬三編　吉川弘文館

『図録　近世武士生活史入門事典』武士生活研究会編　柏書房
『染と織の鑑賞基礎知識』小笠原小枝著　至文堂
『北村哲郎染織シリーズ３　日本の織物』北村哲郎著　源流社
『北村哲郎染織シリーズ５　日本の染物』北村哲郎著　源流社
『日本・中国の文様事典』視覚デザイン研究所編　視覚デザイン研究所
『事典　絹と木綿の江戸時代』山脇悌二郎著　吉川弘文館
『江戸結髪史』金沢康隆著　青蛙房
『日本の髪型』南ちゑ著　紫紅社
『結うこころ　日本髪の美しさとその型　江戸から明治へ』村田孝子編・著　ポーラ文化研究所
『日本の髪型　伝統の美』京都美容文化クラブ・松本弘吉編　光村推古書院
『日本の色辞典』吉岡幸雄著　紫紅社
『日本の傳統色　その色名と色調』長崎盛輝著　青幻舎

著者である喜田川守貞、大岡ませ子（篤姫時の御中﨟）、三田村鳶魚、江馬務、金沢康隆氏の皆様に深く感謝申し上げます。

本書は東京堂出版より刊行された『江戸衣装図鑑』（二〇一一年十一月三十日初版発行）に
改稿・再編集を施し、改題のうえ二分冊にしたものです。

デザイン・倉地亜紀子

落語百選　春　麻生芳伸編

古典落語の名作を、その〝素型〟に最も近い形で書き起こす。故金原亭馬生師の挿画も楽しい。まずは、おなじみ「長屋の花見」など25篇。（鶴見俊輔）

落語百選　夏　麻生芳伸編

「出来心」「金明竹」「素人鰻」「お化け長屋」など、大笑いあり、しみじみありの名作25篇。読者が演者となりきれる〈活字寄席〉。（都筑道夫）

落語百選　秋　麻生芳伸編

「秋刀魚は目黒にかぎる」でおなじみの「目黒のさんま」ほか「時そば」「野ざらし」「粗忽の釘」など江戸の気分あふれる25篇。（加藤秀俊）

落語百選　冬　麻生芳伸編

義太夫好きの旦那をめぐるおかしくせつない「寝床」。「火焰太鼓」「文七元結」「芝浜」「粗忽長屋」など25篇。百選完結。（岡部伊都子）

びんぼう自慢　古今亭志ん生　小島貞二編・解説

「貧乏はするものじゃありません。味わうものですな」その生き方が落語そのものと言われた志ん生が自らの人生を語り尽くす名著の復活。

なめくじ艦隊　古今亭志ん生

〝空襲から逃れたい〟、〝向こうには酒がいっぱいある〟という理由で満州行きを決意。存分に自我を発揮して自由に生きた落語家の半生。（矢野誠一）

古典落語　志ん生集　古今亭志ん生　飯島友治編

八方破れの生きざまを芸の肥やしとした五代目志ん生の、「お直し」「品川心中」など今も色褪せることのない演目を再現する。

志ん生の噺（全5巻）　古今亭志ん生　小島貞二編

その生き方すべてが「落語」と言われた志ん生の幅広い芸を滑稽、人情、艶などのテーマ別に贈る、読む「志ん生落語」の決定版。

志ん朝の風流入門　古今亭志ん朝　齋藤明

失われつつある日本の風流な言葉を、小唄端唄、和歌俳句、芝居や物語から選び抜き、古今亭志ん朝の粋な語りに乗せてお贈りする。（浜美雪）

志ん朝の落語1 ――男と女　古今亭志ん朝　京須偕充編

第一巻「男と女」は志ん朝ならではの色気漂う噺集。口絵に遺品のノート、各話に編者解説を付す。「明烏」「品川心中」「厩火事」他全十二篇。

らくごDE枝雀　桂枝雀
桂枝雀が落語の魅力と笑いのヒミツをおもしろおかしく解きあかす本。持ちネタ五選と対談で、「笑いの正体」が見えてくる。（上岡龍太郎）

桂枝雀のらくご案内　桂枝雀
上方落語の人気者が愛する持ちネタ厳選60を紹介。噺の聞かせどころや想い出話をまじえて楽しく落語の世界を案内する。（イーデス・ハンソン）

上方落語 桂枝雀爆笑コレクション（全5巻）　桂枝雀
人気衰えぬ上方落語の爆笑王の魅力を、速記と写真で再現。「スビバセンね」「ふしぎななあ」などテーマ別全5巻、計62演題。各話に解題を付す。

上方落語 桂米朝コレクション（全8巻）　桂米朝
人間国宝・桂米朝の噺をテーマ別に編集する。端正で上品な語り口、多彩な持ちネタで、今日の上方落語隆盛をもたらした大看板の魅力を集成。

落語家論　柳家小三治
この世界に足を踏み入れて日の浅い、若い噺家に向けて二十年以上前に書いたもので、これは、あの頃の私の心意気でもあります。（小沢昭一）

滝田ゆう落語劇場（全）　滝田ゆう
下町風俗を描いてピカ一の滝田ゆうが意欲満々取り組んだ古典落語の世界。作品はおなじみ「富久」「芝浜」「死神」「青菜」「付け馬」など三十席収録。

絵本・落語長屋　落合登 西川清之
一〇八話の落語のエッセンスを、絵と随想でつづった「落語長屋」。江戸っ子言葉をまじえた軽妙洒脱な文章と、絵とで紹介する。（中野翠）

桂吉坊がきく 藝　桂吉坊
上方落語の俊英が聞きだした名人芸の秘密。若手の思いに応えてくれた名人は、立川談志、市川團十郎、小沢昭一、喜味こいし、桂米朝、他全十人。

この世は落語　中野翠
ヒトの愚かさのいろいろを呑気に受けとめ笑ってしまう。そんな落語の魅力を30年来のファンである著者が、イラスト入りで語り尽くす最良の入門書。

落語を聴かなくても人生は生きられる　松本尚久編
落語家が名人芸だけをやっていればよかった時代は去った。時代と社会を視野に入れた他者の視線を通じて落語の現在を読み解くアンソロジー。

これで古典がよくわかる　橋本治

古典文学に親しめず、興味を持てない人たちは少なくない。どうすれば古典が「わかる」ようになるかを具体例を挙げ、教授する最良の入門書。

恋する伊勢物語　俵万智

恋愛のパターンは今も昔も変わらない。恋がいっぱいの歌物語の世界に案内する、ロマンチックでユーモラスな古典エッセイ。（武藤康史）

倚りかからず　茨木のり子

もはや／いかなる権威にも倚りかかりたくはない……話題の単行本に3篇の詩を加え、高瀬省三氏の絵を添えて贈る決定版詩集。（山根基世）

茨木のり子集　言の葉（全3冊）　茨木のり子

しなやかに凜と生きた詩人の歩みの跡を、詩とエッセイで編んだ自選作品集。単行本未収録の作品なども収め、魅力の全貌をコンパクトに纏める。

詩ってなんだろう　谷川俊太郎

谷川さんはどう考えているのだろう。その道筋にそって詩を集め、選び、配列し、詩とは何かを考えるおおもとを示しました。（華恵）

笑う子規　正岡子規＋天野祐吉＋南伸坊

「弘法は何と書きしぞ筆始」「猫老て鼠もとらず置火燵」。天野さんのユニークなコメント、南さんの豪快な絵を添えて贈る愉快な子規句集。（関川夏央）

尾崎放哉全句集　村上護編

「咳をしても一人」などの感銘深い句で名高い自由律の俳人・放哉。放浪の旅の果て、小豆島で破滅型の人生を終えるまでの全句業。（村上護）

山頭火句集　種田山頭火　村上護編　小崎侃・画

自選句集「草木塔」を中心に、その境涯を象徴する随筆も精選収録し、〝行乞流転〟の俳人の全容を伝える一巻選集！（村上護）

絶滅寸前季語辞典　夏井いつき

「従兄煮」「蚊帳」「夜這星」「竈猫」……季節感が失われ、風習が廃れて消えていく季語たちに、新しい命を吹き込む読み物辞典。（茨木和生）

絶滅危急季語辞典　夏井いつき

「ぎぎ・ぐぐ」「われから」「子持花椰菜」「大根祝う」……消えゆく季語に新たな命を吹き込む読み物辞典。超絶季語続出の第二弾。（古谷徹）

明治国家のこと　司馬遼太郎／関川夏央編

司馬さんにとって「明治国家」とは何だったのか。西郷と大久保の対立から日露戦争まで、明治の日本人への愛情と鋭い批評眼が交差する18篇を収録。

方丈記私記　堀田善衞

中世の酷薄な世相を覚めた眼で見続けた鴨長明。その人間像を自己の戦争体験に照らして語りつつ現代日本文化の深層をつく。巻末対談＝五木寛之

東條英機と天皇の時代　保阪正康

日本の現代史上、避けて通ることのできない存在である東條英機。軍人から戦争指導者へ、そして極東裁判に至る生涯を通して、昭和期日本の実像に迫る。

戦中派虫けら日記　山田風太郎

〈嘘はつくまい。嘘の日記は無意味である〉。戦時下、明日の希望もなく、心身ともに飢餓状態にあった若き風太郎の心の叫び。（久世光彦）

責任　ラバウルの将軍今村均　角田房子

ラバウルの軍司令官・今村均。軍部内の複雑な関係、戦地、そして戦犯としての服役。戦争の時代を生きた人間の苦悩を描き出す。（保阪正康）

広島第二県女二年西組　関千枝子

8月6日、級友たちは勤労動員先で被爆した。突然に逝った39名それぞれの足跡をたどり、彼女らの生を鮮やかに切り取った鎮魂の書。（山中恒）

劇画　近藤勇　水木しげる

明治期を目前に武州多摩の小倅から身を起こし、ついに新選組隊長となった近藤。だがもしかしたら多摩で芋作りをしていた方が幸せだったのでは？

水木しげるのラバウル戦記　水木しげる

太平洋戦争の激戦地ラバウル。その戦闘に一兵卒として送り込まれ、九死に一生をえた作者が、体験が鮮明な時期に描いた絵物語風の戦記。

昭和史探索（全6巻）　半藤一利編著

名著『昭和史』の著者が第一級の史料を厳選、抜粋。時々の情勢や空気を一年ごとに分析し、書き下ろしの解説を付す。《昭和》を深く探る待望のシリーズ。

夕陽妄語1（全3巻）　加藤周一

高い見識に裏打ちされた時評は時代を越えて普遍性を持つ。政治から文化まで、二〇世紀後半からの四半世紀を、加藤周一はどう見たか。（成田龍一）

現代語訳 舞姫　森鷗外　井上靖訳

古典となりつつある鷗外の名作を井上靖の現代語訳で読む。無理なく作品を味わうための語注・資料を付す。原文も掲載。監修＝山崎一穎

こころ　夏目漱石

友を死に追いやった「罪の意識」によって、ついには人間不信にいたる悲惨な心の暗部を描いた傑作。詳しく利用しやすい語注付。（小森陽一）

英語で読む 銀河鉄道の夜（対訳版）　宮沢賢治　ロジャー・パルバース訳

"Night On The Milky Way Train"（銀河鉄道の夜）賢治文学の名篇が香り高い訳で生まれかわる。文庫オリジナル。井上ひさし氏推薦。（高橋康也）

百人一首　鈴木日出男

王朝和歌の精髄、百人一首を第一人者が易しく解説。現代語訳、鑑賞、作者紹介、語句・技法を見開きにコンパクトにまとめた最良の入門書。

今昔物語　福永武彦訳

平安末期に成り、庶民の喜びと悲しみを今に伝える今昔物語。訳者自身が選んだ１５５篇の物語は名訳を得て、より身近に蘇る。（池上洵一）

私の「漱石」と「龍之介」　内田百閒

師・漱石を敬愛してやまない百閒が、おりにふれて綴った師の行動と面影とエピソード。さらに同門の友、芥川との交遊を収める。（武藤康史）

阿房列車 ——内田百閒集成1　内田百閒

「なんにも用事がないけれど、汽車に乗って大阪へ行って来ようと思う」。上質のユーモアに包まれた、紀行文学の傑作。（和田忠彦）

教科書で読む名作 夏の花ほか 戦争文学　原民喜ほか

表題作のほか、審判（武田泰淳）／夏の葬列（山川方夫）／夜（三木卓）など収録。高校国語教科書に準じた傍注や図版付き。併せて読みたい名評論も。

名短篇、ここにあり　北村薫　宮部みゆき編

読み巧者の二人の議論沸騰し、選びぬかれたお薦め小説12篇。となりの宇宙人／冷たい仕事／隠し芸の男／少女架刑／あしたの夕刊／網／誤訳ほか。

猫の文学館Ⅰ　和田博文編

寺田寅彦、内田百閒、太宰治、向田邦子……いつの時代も、作家たちは猫が大好きだった。猫の気まぐれに振り回されている猫好きに捧げる47篇‼

劇画 ヒットラー　水木しげる
ドイツ民衆を熱狂させた独裁者アドルフ・ヒットラーとはどんな人間だったのか。ヒットラー誕生からその死まで、骨太な筆致で描く伝記漫画。

悪魔くん千年王国　水木しげる
途方もない頭脳の悪魔君が、この地上に人類のユートピア「千年王国」を実現すべく、知力と魔力の限りを尽して闘う壮大な戦いの物語。（佐々木マキ）

河童の三平　水木しげる
豊かな自然の中で、のびのびと育った少年三平と、河童・狸・小人・死神そして魔物たちが繰りひろげる、ユーモラスでスリリングな物語。（石子順造）

のんのんばあとオレ　水木しげる
「のんのんばあ」といっしょにお化けや妖怪の住む世界をさまよっていたあの頃――漫画家・水木しげるの、とてもおかしな少年記。（井村君江）

ゲゲゲの鬼太郎（全7巻）　水木しげる
ご存知ゲゲゲの鬼太郎とねずみ男をはじめ、妖怪たちがくり広げる冒険物語。水木漫画人気を一気に高めた時期の鬼太郎作品すべてを、全七冊に収録。

つげ義春コレクション（全9冊）　つげ義春
マンガ表現の歴史を変えた、つげ義春。初期代表作から「ガロ」以降すべての作品、さらにイラスト・エッセイを集めたコレクション。

つげ義春の温泉　つげ義春
マンガ家つげ義春が写した温泉場の風景。一九六〇年代から七〇年代にかけて、日本の片すみを旅した、つげ義春の視線がいま鮮烈によみがえってくる。

私の絵日記　藤原マキ
つげ義春夫人が描いた毎日のささやかな幸せ。家族三人の散歩。子どもとの愉快な会話。口絵8頁。「妻、藤原マキのこと」＝つげ義春。（佐野史郎）

おそ松くんベスト・セレクション　赤塚不二夫
みんなのお馴染み、松野家の六つ子兄弟が大活躍！　日本を代表するギャグ漫画の傑作集。イヤミ、チビ太、デカパン、ハタ坊も大活躍。（赤塚りえ子）

バカ田大学なのだ!?　赤塚不二夫
マンガ史上最高のキャラクター、バカボンのパパを主人公にした一冊！　なぜママと結婚できたのかなどの謎が明かされる。（椹木野衣）

百日紅《さるすべり》(上・下)　杉浦日向子
北斎、お栄、英泉、国直……絵師たちが闊歩する文化文政期の江戸の街を多彩な手法で描き出す代表作の完全版、初の文庫化。(夢枕獏)

合　葬　杉浦日向子
江戸の終りを告げた上野戦争。時代の波に翻弄された彰義隊の若き隊員たちの生と死を描く歴史ロマン。第13回日本漫画家協会賞優秀賞受賞。(小沢信男)

YASUJI東京　杉浦日向子
明治の東京と昭和の東京を自在に往還し、夭折の画家井上安治が見た東京の風景を描く静謐な世界。他に単行本未収録四篇を併録。(南伸坊)

COM傑作選(上・下)　中条省平編
60年代末に、マンガ界に革命を起こした伝説の雑誌。手塚治虫、永島慎二をはじめ、矢代まさこ、岡田史子らの作品を再録。(中条省平)

ビブリオ漫画文庫　山田英生編
古書店、図書館など、本をテーマにした傑作漫画集。主な収録作家――水木しげる、永島慎二、松本零士、つげ義春、楳図かずお、諸星大二郎ら18人。

水鏡綺譚　近藤ようこ
戦国の世、狼に育てられ修行をするワタルと、記憶をなくした鏡子の物語。著者自身も一番好きだったという代表作。推薦文＝高橋留美子(南伸坊)

増補 ハナコ月記　吉田秋生
「オトコってどおしてこうなの？」とハナコさん。「オンナってやつは」とイチローさん。ウフフと笑いがこみあげるオールカラー。(糸井重里)

ムーミン・コミックス　セレクション1
ムーミン谷へようこそ　トーベ・ヤンソン＋ラルス・ヤンソン　冨原眞弓編訳
ムーミン・コミックスのベストセレクション。1巻はムーミン谷で暮らす仲間たちの愉快なエピソードを4話収録。オリジナルムーミンの魅力が存分に。

カムイ伝講義　田中優子
白土三平の名作漫画『カムイ伝』を通して、江戸の社会構造を新視点で読み解く。現代の階層社会の問題が見えると同時に、エコロジカルな未来も見える。

白土三平論　四方田犬彦
60年代に社会構造を描き出した『カムイ伝』、蜂起の歴史哲学を描いた『忍者武芸帳』等代表作、そして「食物誌」まで読み解く。書き下ろしを追加。

ちくま文庫

江戸《えど》衣装図絵《いしょうずえ》　奥方《おくがた》と町娘《まちむすめ》たち

二〇二一年十一月十日　第一刷発行

著　者　菊地ひと美（きくち・ひとみ）
発行者　喜入冬子
発行所　株式会社　筑摩書房
東京都台東区蔵前二―五―三　〒一一一―八七五五
電話番号　〇三―五六八七―二六〇一（代表）

装幀者　安野光雅
印刷所　凸版印刷株式会社
製本所　凸版印刷株式会社

ISBN978-4-480-43774-7　C0139